INHALTSVERZEICHNIS

VORWORT

Wie auch sonst überall im Leben, solltest Du auch in der Magie immer nur das tun, was Du auch mit Deinem Gewissen vereinbaren kannst und wozu Du bereit bist. Das magische Arbeiten kann eine Unterstützung im Alltag sein, denn mit unserer eigenen Energie und der Energie des Universums können wir den Dingen unseres Lebens eine bestimmte Richtung geben. Jedenfalls in den meisten Fällen. Magie bedeutet Macht und Verantwortung zugleich, denn die Geschichte hat uns gelehrt, dass das Unbekannte manchmal auch große Furcht hervorbringen kann. Handle daher stets im Einklang mit Deinem Gewissen und vergiss dabei nicht, dass Du jede Form der Energie irgendwann einmal zurückbekommen wirst. Sinn und Zweck ist dabei jedoch keine Bestrafung, wie es viele Menschen erklären, sondern nur die logische Konsequenz Deines Handelns, die Dir am eigenen Leibe zeigen will, wie es sich anfühlt. Handle daher mit Bedacht, Liebe und Zuversicht und bekomme dafür dieselbe Energie wieder zurück!

Dieses Buch soll Dir einen Einblick in die Welt der Magie ermöglichen und Dir eine Unterstützung auf Deinem Weg sein. Vergiss dabei jedoch niemals, dass es nur einen richtigen Weg gibt, und dieser ist für jede Person stets individuell. Verstehe jedes Wort daher nur als Teil der gesamten Wahrheit und Inspiration. Finde Deine eigene Wahrheit und gehe Deinen eigenen magischen Weg!

1

WAS IST MAGIE?

Bevor Du Dich mit Magie beschäftigst, solltest Du wissen, was Magie eigentlich ist? Und bereits diese Frage lässt sich nicht so einfach beantworten, da es darauf vermutlich nur Antworten gibt, die für jeden von uns ein wenig anders sein werden. Magie ist immer um uns, wir können sie auch als Energie bezeichnen. Viele Menschen sprechen von weißer und schwarzer Magie, doch die Wahrheit ist, dass Magie immer neutral ist. Wir sind es, die sie in eine bestimmte Richtung lenken können. Doch was bedeutet das tatsächlich? Kann Magie tatsächlich schwarz oder weiß gefärbt sein?

Auch diese Frage lässt sich nicht klar beantworten, denn wie alles im Leben, ist es wohl eine Frage der Sichtweise. Ein Liebeszauber beispielsweise mag vielleicht mit einem guten Vorsatz durchgeführt werden, doch eventuell mischen wir uns in eine Sache ein, die uns gar nichts angeht und den freien Willen einer anderen Person bricht oder beeinflusst. Kann das wirklich "gut" sein?

Was, wenn wir einer Person ganz bewusst Schmerzen zuführen, die es unserer Meinung nach verdient hat? Ist das wirklich gut? Was, wenn wir sie durch einen Zauber von einer schlechten Tat abhalten können, die Person dabei jedoch selbst Schaden erleidet? War das jetzt schlecht? Du siehst also, dass die Sache mit "schwarzer" und "weißer" Magie nicht so einfach ist. Viele Gruppen haben sich auf den Satz geeinigt: Tu was Du willst, solange es keinem schadet. Wir können unser Handeln nicht immer genau einschätzen und wissen nicht, welche Kreise unsere Taten ziehen könnten. Das ist nicht nur bei magischen Handlungen so, sondern auch im ganz "normalen" Alltag. Vielleicht ist der einzige Ratschlag, den man daher geben kann der, dass Du immer nach Deinem Gefühl und Deiner eigenen Moral handeln solltest.

Magie kann Dinge niemals von heute auf morgen lösen und Dein Leben somit zum Spaziergang werden lassen. Alles, was wir tun können ist, gewisse Dinge in eine bestimmte Richtung zu lenken. Dies fordert nicht nur Zeit, sondern auch viel Energie. Wenn Du Dinge magisch verändern willst, musst Du Dich immer wieder mit ihnen beschäftigen. Es ist nicht damit getan, wie in manch einem Film, einen Zauberspruch einmal aufzusagen und schon hast Du erreicht, was Du erreichen wolltest. Es geht um echte Energiearbeit, die Du erst erlernen und intuitiv befolgen musst.

DAS GESETZ DER TRINITÄT

Vielleicht hast Du schon einmal davon gehört, dass alles, was Du aussendest, dreimal zu Dir zurückkehren wird. Stimmt das? Ja und nein. Ganz egal, was wir in unserem Leben tun, wir werden eine Resonanz darauf erhalten. Stell Dir beispielsweise vor, Du bist unfreundlich zu einer Person. Kannst Du nun erwarten, dass diese Person im Gegenzug freundlich zu Dir sein wird? Wohl kaum. Bist Du jedoch ehrlich und gehst freundlich mit ihr um, wird auch sie vermutlich freundlich zu Dir sein und Dir somit dieselbe Energie zurückgeben. Unter Umständen wird die Energie sogar stärker zurückgegeben, denn sie wird entweder entsetzt darüber sein, wie unverschämt Du zu ihr warst oder wie unfassbar nett Du sie doch behandelt hast.

Auch im magischen Bereich verhält es sich so. Wir alle kennen den Begriff Karma oder Kismet. Alles, was wir tun, wird irgendwann auf uns zurückkommen. Nicht, um uns zu bestrafen oder zu belohnen, sondern weil es eine logische Konsequenz ist, die einfach entsteht. Vielleicht kommen bestimmte Dinge nicht sofort zu uns zurück, aber irgendwann einmal werden wir sie am eigenen Leib erfahren, denn wir sollen wissen, wie es sich anfühlt in exakt derselben Situation zu sein. Das muss nicht einmal in dem jetzigen Leben sein, sondern kann sich auch über viele weitere Leben ziehen. Wichtig ist jedoch stets die Energie, die dahinter steckt. Mit welcher Energie haben wir etwas getan? Wollten wir Liebe geben oder wollten wir uns selbst bereichern? Wussten wir es nicht besser oder war uns genau bewusst, was wir getan haben?

Magie steht daher auch immer stark in Verbindung mit Ethik und unserer eigenen Moralvorstellung. Wir sind was wir sind und haben alle einen Weg zu gehen. Wir entscheiden selbst, wie dieser Weg aussehen wird und dennoch ist es uns vorherbestimmt, genau diesen Weg zu gehen. Lass Dich daher steht von Deinem Herzen, Deiner Intuition und Deinem Gefühl leiten und Du wirst den Weg gehen, der für Dich der richtige Pfad ist!

HEXE SEIN - WIE GEHT DAS?

Bist Du eine Hexe? Diese Frage kannst Du nur selbst beantworten, denn schlussendlich kommt es darauf an, was Du unter dem Begriff der Hexe überhaupt verstehst. Wer denkt, dass eine Hexe magische Fähigkeiten hat, hat zu viele Filme gesehen. Magie ist nichts anderes als Energie, die wir alle nutzen können. Du musst also keine hellseherischen Fähigkeiten haben, Dich an frühere Leben erinnern oder über ein unglaubliches Kräuterwissen verfügen, um eine Hexe zu sein. An diesen Dingen kannst Du arbeiten.

Du musst auch keiner Religion wie Wicca oder Pagan angehören, um eine Hexe zu sein. Dabei handelt es sich um Naturreligionen, die im Einklang mit der Erde stehen und die Jahreszeiten ehren. Sie haben ihre eigenen Götter und Vorstellungen, doch im Grunde nichts mit okkulten Lehren zu tun. Und selbst diese musst Du übrigens nicht kennen, um Dich als Hexe zu bezeichnen.

Grundsätzlich ist eine Hexe (oder ein Hexer) eine Person, die magisch arbeiten und das praktiziert, was wir unter Hexerei verstehen. Der religiöse Hintergrund spielt dabei keine Rolle. Du kannst auch Christ, Jude oder sogar Atheist sein, und Dich dennoch mit Hexerei beschäftigen und Dich als Hexe oder Hexer bezeichnen.

Es mag durchaus Familien geben, die ihr Wissen von Generation zu Generation weitergegeben haben. Doch Hexe zu sein, ist nichts, das tatsächlich vererbt wird, denn wie in jeder Familie, gibt es auch in "Hexenfamilien" mit Sicherheit Personen, die sich einfach nicht dafür interessieren. Hexe zu sein, ist vielmehr ein Ruf, dem Du folgst. Der richtige Umgang mit Magie muss erlernt und geübt werden. Du musst Deine eigenen Erfahrungen sammeln und lernst selbst immer wieder dazu. Was für Dich richtig ist, kann für eine andere Person falsch sein. Das was Du als Hexe verstehst, muss nicht automatisch auch das sein, was eine andere Person unter dem Begriff versteht. Es ist der Glaube an die Magie, den jedoch alle gemeinsam haben und uns schlussendlich verbindet.

BRAUCHST DU EINEN ZIRKEL?

Viele Hexen haben einen Zirkel, den sie als ihre Familie ansehen. Dabei handelt es sich um Gleichgesinnte. Das gemeinsame magische Arbeiten steht bei den meisten sogenannten "Covens" stets im Vordergrund. Selbstverständlich entstehen dabei auch Freundschaften.

Ein Zirkel kann unterschiedlich groß sein. Manche haben mehr als 10 Mitglieder, in anderen wiederum gibt es nur drei Personen, die sich zusammenschließen. Natürlich kannst Du auch alleine arbeiten. Wichtig ist, dass Du Dich nur mit Menschen zusammenschließt, denen Du wirklich vertrauen kannst und die Du im besten Fall auch schon lange kennst. Ein Zirkel ist jedoch definitiv keine Notwendigkeit, um eine Hexe zu sein.

2

DAS BUCH DER SCHATTEN

Spätestens seit der US Fernsehserie Charmed ist jedem, der sich für Magie interessiert, das sogenannte “Buch der Schatten”, ein Begriff. Doch nur den wenigsten Menschen ist klar, worum es sich dabei eigentlich tatsächlich handelt. Die meisten “Hexen” brauchen das Buch eher selten, um darin nachzuschlagen. Über Dämonen, Geister und Vampire steht in den meisten Fällen auch recht wenig darin. Jedes Schattenbuch einzigartig und individuell, so wie auch jeder von uns es ist...

DAS SAGENUMWOBENE HEXENBUCH

Viele verwenden ihr "Schattenbuch" als Tagebuch für ihre magischen Handlungen und schreiben jedes Ereignis nieder. Andere wiederum, bringen nur die wichtigsten Rezepte und Rituale zu Papier, die auch wirklich eine Wirkung gezeigt haben. Wie genau Dein Buch der Schatten aussehen soll, entscheidest nur Du selbst. Es gibt dabei keine richtige oder falsche Vorgehensweise, nur das, was Du gerne hättest.

Die meisten Hexen sehen das Buch als kleines Nachschlagewerk an, das sie mit viel Liebe zum Detail gestalten. Abbildungen, Farben und sogar getrocknete Blütenblätter können darin vorkommen. Lass Deiner Fantasie also freien Lauf und kreiere Dein eigenes Meisterwerk.

Selbstverständlich ist es auch in Ordnung, wenn Du kein Schattenbuch führst. Viele Hexen wollen ihre Geheimnisse nicht niederschreiben und entscheiden sich daher ganz bewusst gegen solch ein Buch. Andere wiederum, wollen ihr kleines Kunstwerk viele Generationen weitervererbt wissen und schenken dem Buch daher unglaublich viel Bedeutung. Eines ist dabei jedoch klar: Das Buch der Schatten ist stets ein Abbild von Dir. Es spiegelt Deine Persönlichkeit und Vorstellungen wider und gibt somit ein Stück Deiner Seele preis. Daher solltest Du es niemals in falsche Hände geraten lassen.

Der Inhalt des Buches ist somit stets sehr individuell und kann zahlreiche unterschiedliche Dinge umfassen. Du kannst beispielsweise all Deine Erlebnisse, Anrufungen und Gebete sowie Rituale und Zauber in Dein Buch schreiben. Auch Informationen zu verschiedenen Gottheiten, Elementen, Runen, Tarot, Edelsteinen, Kräutern oder sogar Träume können darin vorkommen. Ebenso kannst Du Rezepte für Speisen, Tinkturen, Salben und Räucherungen darin verewigen oder über bestimmte Feste, Bräuche und Traditionen berichten. Es geht also um all die Dinge, mit denen Du Dich beschäftigst.

WOHER STAMMT DER NAME?

Es gibt viele Vermutungen und Legenden, doch sicher ist man sich über die Bedeutung des Namens nicht. Eine Erklärung ist, dass es dabei um das Wissen geht, das vielen Menschen verborgen ist und sich daher "im Schatten" befindet. Wenn wir an die damalige Zeit und all die Hexenverfolgungen denken, würde dies auch wirklich Sinn ergeben.

Eine andere Theorie besagt, dass es sich immer nur um "Schatten der gesamten Wahrheit" handelt. Ein Buch der Schatten gibt somit nur einen kleinen Ausschnitt (einen Schatten) des Ganzen preis.

Gerne wird das Hexenbuch übrigens auch als Grimoire bezeichnet.

WIE SIEHT ES MIT GEKAUFTEN SCHATTENBÜCHERN AUS?

Vor allem dann, wenn Du noch ganz am Anfang stehst, suchst Du vermutlich nach zahlreichen Büchern, die Dich weiterbringen und Dich unterschiedliche Dinge lehren. Dabei solltest Du jedoch bedenken, dass keiner die absolute Wahrheit kennt und es zahlreiche verschiedene Meinungen und Vorstellungen gibt. So wie auch überall sonst im Leben, musst Du Deine eigene Wahrheit finden. Es ist gut, wenn Du Dich für Literatur interessierst und diese verschlingst. Vielleicht findest Du die eine oder andere Sache, die perfekt für Dich ist, verlass Dich jedoch vor allem auf Dein Gefühl. Nur weil irgendjemand etwas niederschreibt oder behauptet, heißt das noch lange nicht, dass es auch die Wahrheit ist oder Teil Deiner Wahrheit werden sollte. Lass Dich also von Deinem Gefühl leiten.

Ein „echtes“ Buch der Schatten kannst Du also nicht kaufen, es entsteht viel mehr aus Deiner eigenen Erfahrung heraus.

DAS BUCH SEGNEN

Wer ein Schattenbuch nutzt, sollte dieses auch segnen. Nimm hierfür vier weiße Kerzen und salbe diese mit einer Mischung aus Weihrauch, Lavendel und Salbei. Als Basisöl kannst Du beispielsweise Mandelöl verwenden.

Entzünde die Kerzen und sprich dabei:

„Mächte des Himmels, seht mein Flehen,
lasst meinen Zauber zum Schutze geschehen.
Segnet das Buch und all seine Macht,
schützt und behütet es, bei Tag und bei Nacht!“

Lass die Kerzen niederbrennen. Verwende aus diesem Grund eher kleine Kerzen und lasse sie nicht unbeaufsichtigt im Raum stehen. Zusätzlich kannst Du übrigens auch ein wenig Weihrauch räuchern.

Selbstverständlich kannst Du auch Deine eigene Segnung kreieren und Deine Kerzen mit Deiner eigenen Kräutermischung salben etc.

3

Erden, Visualisieren und Meditieren

Das magische Arbeiten beschäftigt sich mit Energie. Damit die Energiearbeit gelingt und wir unsere eigene Energie aussenden können, müssen wir uns selbst kennen, innerlich ruhig sein und uns Dinge gut vorstellen können. Doch wie genau funktioniert das und was versteht man unter den einzelnen Begriffen eigentlich?

DAS VISUALISIEREN

Wenn es um die Magie geht, dann ist die Visualisierung praktisch ihr Grundbaustein. Durch unsere Vorstellung und Fokussierung, können wir die Energie auf unser Ziel konzentrieren. Energie folgt stets unseren Gedanken und der Aufmerksamkeit, der wir ihnen schenken. Das Unterbewusstsein kennt keine Sprache, sondern Bilder. Aus diesem Grund sind Bilder auch aussagekräftiger als jeder Satz und jedes Wort. Es gibt verschiedene Techniken der Visualisierung, die wir in der Magie anwenden können.

Unterschiedliche Übungen können dabei helfen, uns zu konzentrieren und das Visualisieren zu erlernen.

Setze Dich beispielsweise mit geschlossenen Augen auf einen Stuhl oder ein Sofa und versuche Dich und Deinen Körper zu entspannen. Dein Geist sollte zur Ruhe kommen. Beobachte Deine Atmung und werde innerlich ruhig. Sofort werden Dir zahlreiche Bilder durch den Kopf schießen. Entscheide Dich für eines dieser Bilder und halte es fest. Versuche dabei keinen anderen Bildern dazwischen Aufmerksamkeit zu geben, sondern konzentriere Deine Gedanken nur auf dieses eine Bild. Versuche an dem Bild so lange festzuhalten, wie Du nur kannst. Danach lässt Du es wieder los und beendest die Übung. Vermutlich wirst Du zu Beginn nicht lange an dem Bild festhalten können, doch mit der Zeit wirst Du immer besser werden.

Wenn Du die erste Übung beherrscht, kannst Du eine weitere Übung ausprobieren. Such Dir einen Gegenstand, wie beispielsweise einen Stein, eine Kette, einen Apfel oder eine Kerze und sieh ihn Dir ganz genau an. Betrachte alle Einzelheiten, auch wenn diese noch so klein zu sein scheinen und achte dabei auf die Details. Welche Farben hat der Gegenstand? Welche Schattierungen sind zu erkennen? Alles, was Dir auffällt, ist gut. Wenn Du den Gegenstand genau betrachtet hat, schließt Du Deine Augen und versuchst ihn Dir nun im Geiste vorzustellen. Auch auf diese Art und Weise kannst Du das Visualisieren üben.

Eine weitere Übung ist es, sich etwas vorzustellen, das Du noch nie in Deinem Leben gesehen hast. Lass Deine Fantasie spielen und versuche Dir beispielsweise vorzustellen, wie das Obst von einem anderen Planeten aussehen könnte. Die Bilder, die Du erhalten wirst, werden Dich vermutlich selbst überraschen.

In der letzten Phase solltest Du Dir Dinge auch bei offenen Augen vorstellen können. Dies ist der schwierigste Teil, denn wenn wir unsere Augen offen haben, sind wir von zahlreichen Dingen abgelenkt. Stelle Dir vor, wie Du einen Apfel in der Hand hast und diesen auf einen Tisch legst etc.

Visualisierung hat übrigens nicht nur etwas mit dem Sehen zu tun, sondern auch mit Geschmäckern, Gerüchen und Gefühlen. Stell Dir daher nicht nur vor, wie der Gegenstand aussieht, sondern auch wie er sich anfühlt, wie er duftet und welche Emotionen er in Dir verursacht.

MEDITATION

Die Meditation ist in der Magie ebenso wichtig wie das Visualisieren. Die Meditation kann uns innere Ruhe schenken und führt uns wieder zu unserem Selbst zurück. Wir haben die Meditation dann erreicht, wenn sich unser Körper und unsere Gedanken entspannen und vollkommen ruhig sind. Viele von uns haben damit zu kämpfen, immer wieder im Gedanken zu sein und sich ganz einfach nicht auf eine bestimmte Sache konzentrieren zu können. Nicht selten ist das auch der Grund, weshalb wir unter Schlafstörungen leiden. Meditation sorgt also für Ruhe und Erholung und führt uns zu unserem wahren Selbst zurück.

WOZU BRAUCHEN WIR MEDITATION IN DER MAGIE?

In der Magie benötigen wir das Meditieren, denn sie ist eine Vorbereitung auf jede Energiearbeit. Sie hilft uns dabei ruhig zu werden und unsere Gedanken ordnen zu können. Nur wenn wir innerlich ruhig sind und unsere Gedanken kontrollieren können, können wir uns auch vollkommen auf unsere Arbeit und das eigentliche Ziel konzentrieren. Dies gilt in jedem Lebensbereich, doch vor allem dann, wenn wir mit unserer Energie arbeiten, ist dies essentiell.

Je öfter wir meditieren, desto einfach wird die Sache auch werden. Wenn Du regelmäßig meditierst, wirst Du auch schneller Kontakt zur anderen Welt bekommen. Dein Geist wird sich öffnen und Du wirst empfänglicher für Geisteskräfte sein. Von Vorteil ist dies vor allem bei Trancereisen, denn diese kannst Du durch eine gezielte Meditation praktisch im Handumdrehen erreichen.

Du solltest daher täglich etwa 5 Minuten meditieren, damit Du ausgeglichener wirst und mit dem Stress des Alltags besser umgehen kannst. Dadurch wirst Du eine gewisse Routine bekommen und es wird Dir immer leichter fallen, Dich zu entspannen.

Bei der Meditation musst Du übrigens nicht unbedingt sitzen, denn Du kannst Dich auch hinlegen oder sogar im Stehen meditieren. Für den Beginn wäre es jedoch ratsam, Dich hinzulegen oder zumindest hinzusetzen. Das Wichtigste dabei ist, dass Du es bequem hast und Deinen Kopf von all den Gedanken freimachen kannst. Einige Menschen meditieren gerne im Gehen. Dies kann ebenfalls sehr erholsam sein. Wenn Du einen Garten hast, kannst Du einen abendlichen Spaziergang machen und dabei zur Ruhe kommen, auf Deine Atmung achten und den Gedanken keinen Raum zu geben. Lass sie zu, aber beachte sie nicht.

Beim Meditieren ist vor allem die tiefe und stabile Atmung wichtig. Achte darauf, sanft und natürlich zu atmen und versuche einen gleichmäßigen Rhythmus zu erzeugen. Konzentriere Dich auf die Atmung und beachte nichts anderes. Natürlich sind auch Hilfsmittel wie Räucherungen, beruhigende Musik usw. erlaubt, wenn diese Dich entspannen. Sie sollten jedoch stets im Hintergrund bleiben und sich niemals in den Vordergrund drängen.

MEDITATIONSÜBUNG

Setze oder lege Dich ruhig hin und schließe Deine Augen. Wichtig ist, dass Du einen ruhigen Platz auswählst. Unter Umständen solltest Du das Zimmer abdunkeln. Wenn Du lieber in der Natur meditierst, solltest Du darauf achten, dass Du wirklich alleine und ungestört bist. Suche Dir beispielsweise ein einsames Feld oder eine ruhige Stelle in Deinem Garten. Viele meditieren sehr gerne in der Natur, weil wir hier den Wind auf unserer Haut spüren können und die Kraft der Erde erleben.

Versuche Dich nur auf Dich und Deinen Körper zu konzentrieren. Achte auf Deine Atmung und versuche an nichts zu denken. Sollten Gedanken kommen, und das werden sie, lass sie zu und bekämpfe sie nicht. Schenke ihnen jedoch keine Macht, sondern lass sie einfach wieder vorbeiziehen. Je öfter Du meditierst, desto besser und schneller wirst Du lernen, Dich zu entspannen. Mit der Zeit wirst Du also immer schneller in die Meditation kommen und kannst Dich einfacher und schneller entspannen.

DIE ERDUNG

Viele Hexen sprechen gerne über die Erdung. Dabei handelt es sich um eine Art Energieausgleich. Wir versuchen durch die Erdung, neue Energie in uns aufzunehmen und unsere Belastungen wieder loszuwerden. Es geht darum, wieder fest auf dem Boden zu stehen, damit uns nichts erschüttern kann. Vor einer magischen Handlung oder vor einem Ritual ist das Erden sehr wichtig. Durch die Erdung bekommen wir neue Energie und bereiten uns außerdem auf unsere Arbeit vor. Auch nach dem Ritual oder dem Zauber, solltest Du Dich wieder erden, denn dann benötigst Du neue Energie.

Es gibt zahlreiche Arten, um sich zu erden. Dabei solltest Du unterschiedliche Dinge ausprobieren und Dich für die Art entscheiden, die Dir am besten gefällt. Eine beliebte Art ist, fest auf dem Boden zu stehen und tief durchzuatmen. Spüre dabei Deinen Körper und stelle Dir vor, wie er immer tiefer in die Erde sinkt und sich Wurzeln bilden. Es geht also auch hierbei um das Visualisieren. Viele Hexen stellen sich dabei vor, sie wären ein Baum. Der Vergleich ist natürlich leicht nachzuvollziehen, denn ein Baum muss geerdet sein, damit er fest im Boden verankert stehen kann. Stell Dir einfach dieses Bild vor und sei der Baum. Je öfter Du Dich erdest, desto schneller und einfacher wird die Sache werden.

4

DIE ELEMENTE UND DER SCHUTZKREIS

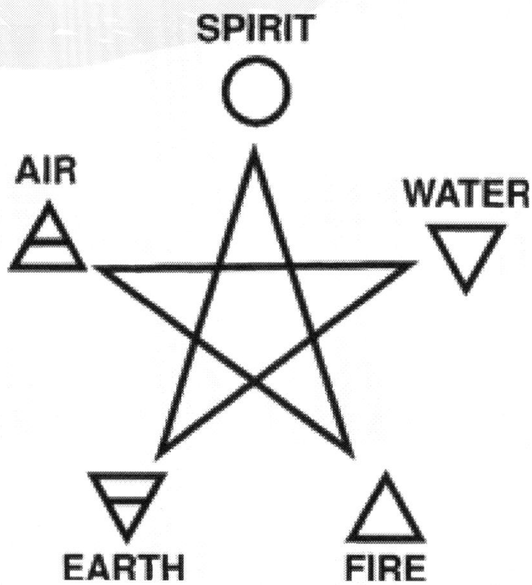

Im Hexentum arbeiten wir mit Energien und den Elementen. Wir nehmen unsere eigene Energie ebenso wahr, wie jene von anderen Wesenheiten und Pflanzen. Wichtig ist, dass wir stets mit Respekt und Liebe an die Sache herangehen und uns von unseren Gefühlen leiten lassen. Jedes Lebewesen hat seine Berechtigung und jede Seele seine eigene individuelle Reise zu gehen. Wenn wir anderen Wesenheiten mit Respekt begegnen, werden sie uns diesen in den meisten Fällen auch erweisen. Dennoch sollten wir uns bei unseren Arbeiten vor fremden, unerwünschten Energien schützen. Verschiedene Vorkehrungen können daher getroffen werden.

DIE ELEMENTE

Bereits in der Uhrzeit haben sich die Menschen mit den vier Elementen beschäftigt. Wir greifen also auf Erfahrungen zurück, die bereits mehrere Jahrtausende alt sind. Die Elemente spielen nicht nur in der Magie, sondern auch in der Energetik, Esoterik und der Astrologie eine wichtige Rolle. Der griechische Arzt und Philosoph Empedokles von Akragas war es, der sie das erste Mal schriftlich festgehalten hat. Dies geschah um 400 vor unserer heutigen Zeitrechnung. Mit den vier Elementen erklärte er das Werden und Vergehen des Lebens unserer Welt durch Feuer, Wasser, Erde und Luft. Später erkannte Aristoteles ein weiteres, fünftes Element: den Äther. Das fünfte Element nimmt eine ganz besondere Stellung ein, denn es handelt sich um den Geist, der stärker als jede Materie ist.

DAS FEUER

Feuer steht seit jeher für Energie. Es symbolisiert die Vitalität und unseren Willen. Feuer kann Heilung bringen, kann jedoch auch zerstören. Es wärmt uns, kann uns aber auch verbrennen. Darüber hinaus hat es eine reinigende Wirkung. Feuer steht auch für die Leidenschaft und für unsere Seele. Es ist das Licht, das wir alle in uns tragen, von dem wir kommen und wohin wir eines Tages auch wieder gehen werden. Magisch gesehen ist Feuer das Symbol für die Willenskraft.

DAS WASSER

Wasser steht für unsere Gefühle. Alle Emotionen wie Liebe, Hass, Wut, Freude, Trauer oder Mitleid werden dem Wasser zugeordnet. Wasser ist immer in Bewegung, so wie auch wir und unsere Gefühle sich immer verändern. Auch das Unbewusste und die Intuition werden durch das Wasser symbolisiert.

DIE ERDE

Die Erde steht für unseren Körper, aber auch für die Natur und das Wachstum. Sie symbolisiert den Kreislauf von Geburt und Tod, Wohlstand und materiellen Gewinn. In der Magie nützen wir die Erde stets als Schutzsymbol sowie für alles, was die Materie darstellen soll.

DIE LUFT

Die geistige Arbeit und der Geist selbst, werden durch die Luft beeinflusst. Sie lässt sich nicht fassen, sondern ist beweglich. So sollten auch wir uns nicht fassen lassen, sondern immer in Bewegung sein, unser ganzes Leben lernen und im Einklang mit den Energien sein, die uns umgeben. Luft steht somit für die Erkenntnis.

DER ÄTHER (GEIST)

Unser Geist steht für die Veränderung, die wir ständig durchleben. Wir befinden uns stets in einer Wandlung und entwickeln uns das ganze Leben lang weiter. Unsere Gedanken bestimmen, wer wir heute sind und morgen sein werden. Der Äther zeigt uns auch, dass unser Geist der Ursprung von allem ist, das irgendwann einmal sein kann. Geist ist stärker als Materie, und genau das ist der eigentliche Leitsatz jeder Energiearbeit und der Magie.

DIE ELEMENTE UND DIE HIMMELSRICHTUNGEN

Neben den vier Elementen, gibt es auch die vier Himmelsrichtungen, die wir vor allem beim magischen Kreis berücksichtigen. Dabei handelt es sich um einen Schutzkreis, der für das magische Arbeiten gezogen werden kann. Die Himmelsrichtungen werden an den Eckpunkten des Kreises beschworen und sind stets einem Element zugeteilt.

Die Himmelsrichtung Norden wird dem Element der Erde zugeteilt. Der Osten wird dem Element der Luft zugeordnet, der Süden dem Feuer und der Westen dem Wasser.

DER SCHUTZKREIS - DER MAGISCHE KREIS

Ein Schutzkreis dient dazu, Dich während Deiner magischen Arbeiten zu schützen. Gezogen wird er meist vor Ritualen sowie magischen Handlungen. Ob Du einen Kreis ziehen willst, musst Du selbst entscheiden. Generell soll Dich der magische Kreis vor allen negativen Energien schützen, die Du nicht bei Deiner Arbeit dabei haben willst. Wenn Du magisch tätig wirst, arbeitest Du mit Energie. Diese Energie zieht auch automatisch andere Energien an, die sich für Dich oder Deine Arbeit interessieren oder ganz einfach ohne tatsächlichen Grund angezogen werden. Oft ziehen wir auch ganz unbewusst gewisse Dinge in unser Leben, die wir eigentlich nicht anziehen wollten. Nicht immer muss es sich dabei um Wesenheiten handeln, die sich in Deine Arbeit einmischen. Manchmal werden wir durch andere Energien einfach abgelenkt und können uns nicht auf unsere eigentliche Arbeit fokussieren. Daher ist ein Schutzkreis eine gute Idee.

Es gibt unterschiedliche Arten den Kreis zu ziehen. Welche Methode sich für Dich am besten eignet, wirst Du schnell herausfinden, wenn Du verschiedene Methoden ausprobiert hast. Lass dabei auch stets Deine Intuition in die Sache einfließen. Manche Hexen schreiten den Kreis tatsächlich ab, während andere besser im Visualisieren sind und ihn nur gedanklich ziehen. Wieder andere greifen gerne zu einem Hilfsmittel wie einer Athame. Wenn der Kreis erst einmal gezogen ist, solltest Du diesen auch erst dann wieder verlassen, wenn Du Deine Arbeit beendet hast, denn sonst beschädigst Du dieses Energiefeld, das sich nun um Dich befindet wieder. Auch keine andere Person sollte den Schutzkreis betreten. Gut zu wissen ist, dass Katzen und Babys den Kreis betreten können, ohne diesen dabei zu zerstören.

DEN SCHUTZKREIS ZIEHEN

Gezogen wird der Kreis also stets zu Beginn einer magischen Arbeit bzw. eines Rituals. Wenn Du die vier Elemente dazu verwenden willst, beginnst Du im Osten. Visualisiere hierzu eine blaue Flamme, die aus Deiner Hand kommt. Mit dieser Flamme ziehst Du den Kreis von Osten, über Süden, nach Westen und erneut über Norden, nach Osten zurück. In der Mitte befindest Du Dich.

Es gibt viele verschiedene Abwandlungen, wie Du diesen Schutzkreis ziehen kannst. Jeder hat sein eigenes kleines Ritual dazu. So kannst Du beispielsweise auch vier unterschiedliche Kerzen verwenden und diese nacheinander entzünden. Für den Osten nimmst Du hierfür eine weiße Kerze, denn diese symbolisiert die Luft. Für den Süden verwendest Du eine rote Kerze, die das Feuer symbolisiert, während Du für den Westen die Farbe Blau wählst, die das Wasser symbolisieren soll. Der Norden wird dem Element der Erde zugeordnet, daher greifst Du zu einer braunen Kerze, die daran erinnern soll.

Dem alten Glauben nach, kann ein Schutzkreis übrigens auch aus Salz gezogen werden. Dieses soll das Böse fernhalten und hat seit Jahrhunderten den Ruf, schützend zu wirken. Für diesen Zweck kannst Du zu Steinsalz oder Meersalz greifen.

Den Schutzkreis wieder auflösen

Am Ende der magischen Arbeit oder des Rituals, wird der Kreis wieder aufgelöst. Dies geschieht nun in umgekehrter Reihenfolge, gegen den Uhrzeigersinn. Du beginnst also erneut im Osten, ziehst ihn nun jedoch über Norden nach Westen, nach Süden und erneut nach Osten. Visualisiere dabei beispielsweise, wie die Energie erneut in Deine Hand oder Athame zurückfließt und/oder lösche die Kerzen der Reihe nach.

Selbstverständlich kannst Du während des Ziehens und beim Auflösen des Kreises auch einen Spruch verwenden. Zwar findest Du bereits zahlreiche Sprüche online und in vielen Büchern, doch wenn dieser von Dir stammt, bringt er auch die richtige Energie mit sich. Überlege Dir daher selbst einen Spruch, der sich an die vier Elemente, die Himmelsrichtungen oder bestimmte Gottheiten richtet, die Du darum bittest, Dich nun zu beschützen.

5

KERZEN UND IHRE MAGIE

In jedem Film, in jedem Buch und bei jedem Ritual spielen Kerzen eine wichtige Rolle. Sie verleihen schon ohne einem magischen Ritual, einen ganz besonderen Zauber, denn das sanfte Licht der Kerze wirkt romantisch und mystisch zugleich. Das Licht spielt nicht nur in allen Religionen eine wichtige Rolle, sondern auch in der Magie. Feuer ist Energie und die Flamme der Kerzen somit ein kleiner Energieball.

Bei Ritualen und magischen Handlungen werden prinzipiell durchgefärbte Kerzen verwendet, denn diese sollen die Wirkung verstärken. Nur die Farben Gold, Silber und Kupfer gibt es nicht durchgefärbt, weshalb diese die Ausnahme bilden. Darüber hinaus, macht es auch einen Unterschied, ob es sich um eine helle oder dunkle Farbe handelt. Je dunkle die Kerze, umso intensiver auch die Wirkung.

WEI□E KERZEN

Die Farbe Weiß steht für die Reinheit, Spiritualität und Ruhe sowie für den Frieden. Darüber hinaus sollen weiße Kerzen auch den Frieden, das Licht, die Vollkommenheit und die Erlösung symbolisieren. Weiß ersetzt alle Farben und dient der Verstärkung dieser. Weiße Kerzen können somit negative Schwingungen beseitigen, reinigend wirken und werden daher auch sehr gerne für den Schutz verwendet.

ROSA KERZEN

Rosa steht für Liebe und Freundschaft, Zärtlichkeit, Romantik und Familie. Darüber hinaus kann die Farbe bei Liebeskummer helfen und symbolisiert die Anziehungskraft, Treue sowie alle Arten von Herzensangelegenheiten. Rosa Kerzen werden daher für Rituale und Zauber verwendet, bei denen es um Freundschaft, Romantik, Liebe und Treue geht.

GELBE KERZEN

Gelb soll Klarheit, Freiheit und Selbstvertrauen bringen und den inneren Frieden stärken. Auch die Farbe Gelb steht für Freundschaft, Vertrauen und für die Hoffnung. Sie gilt als heitere Farbe, die Weisheit mit sich bringt, für Kommunikation steht und an die Sonne erinnern soll. Auch eine bestimmte Wachsamkeit soll die Farbe symbolisieren. Gelb schenkt Gelassenheit und kann negative Gedanken vertreiben.

ORANGE KERZEN

Orange Kerzen stehen für die Ausdauer und das Durchsetzungsvermögen, das Du für Deine Rituale brauchen wirst. Sie stehen für die Wärme, den Lebenswillen, die Lebendigkeit der Dinge und können Sorgen verringern sowie Schwierigkeiten beseitigen. Orange Kerzen sind kraftvolle Kerzen, die auch an die Fruchtbarkeit und Freude erinnern sollen.

BRAUNE KERZEN

Braun steht für die Erde, Ruhe und Ausgeglichenheit. Braune Kerzen sollen uns an unsere Wurzeln erinnern, die Natur und unsere Heimat. Sie bieten Schutz, Sicherheit und können bei der Konzentration helfen. Außerdem können sie uns helfen, standhafter, ausgeglichener und entschlossener zu sein. Sie fördern das Lernen und die Konzentration, können dabei helfen, verlorene Dinge wiederzufinden und unsere telepathischen Fähigkeiten zu stärken.

ROTE KERZEN

Keine andere Farbe steht so sehr für Leidenschaft, Sexualität und Energie, wie die Farbe Rot. Rote Kerzen stehen für die sexuelle, leidenschaftliche Liebe, die Kreativität und den Mut. Doch sie stehen auch für Zorn und Wut. Sie helfen gegen Müdigkeit, Erschöpfung, Antriebslosigkeit, Problemen in der Partnerschaft und vielen unterschiedlichen Konflikten und können uns beim Erreichen unserer Ziele behilflich sein.

GRÜNE KERZEN

Die Farbe Grün steht für Heilung, Neuanfang, Erneuerung und Lebendigkeit. Darüber hinaus ist sie die Farbe der Hoffnung, wirkt beruhigend und soll uns Gelassenheit schenken. Grüne Kerzen stehen für den Wohlstand, Geld, Besitz und können bei allen finanziellen Schwierigkeiten unterstützend wirken.

BLAUE KERZEN

Blau symbolisiert die Wahrheit, Entspannung, Ehrlichkeit und Gelassenheit. Es ist die Farbe des Friedens und der Klarheit. Blaue Kerzen stehen für die Treue und das Verständnis, für Gesundheit, Reinigung und für die Geduld. Blau öffnet unseren Geist für Ebenen, die höher liegen. Gegen Stress und Schlafstörungen kann die Farbe ebenfalls wirken. In der Magie kommen blaue Kerzen gerne bei seelischen Problemen und Ängsten zum Einsatz.

VIOLETTE KERZEN

Violett ist die Farbe der Spiritualität und steht für alles, was mit der Seele zu tun hat. Sie ist die Farbe der Schöpfung, Würde und Großzügigkeit. Darüber hinaus ist sie auch geheimnisvoll und steht für das Übersinnliche.

GOLDENE KERZEN

Sie stehen für das Göttliche, Ausstrahlung und für den Glanz der Dinge. Goldene Kerzen symbolisieren das Leben und das Wachstum, die kosmischen Einflüsse, Verwandlungen und Entwicklungen, Stärke und repräsentieren ebenfalls die Sonne. Gold steht zudem für die Intuition und das gegenseitige Verständnis.

SILBERNE KERZEN

Silberne Kerzen sind mystisch und stehen für innere Eingebungen. Sie sollen Negatives beseitigen, Stabilität garantieren und die mentale Stärke und Klarsicht fördern.

SCHWARZE KERZEN

Schwarz steht nicht, wie viele glauben, für Schwarzmagie, sondern für Erneuerung und den Wandel. Die Farbe symbolisiert das Loslassen, das Unsichtbare, das wir nicht begreifen können, Konzentration und sie steht für die Abwesenheit des Lichts.

DIE VERWENDUNG DER KERZEN

Für die Rituale und Zauber werden die passenden Kerzen ausgewählt. Sie sollten farblich also auf den Anlass abgestimmt werden und noch unbenutzt sein. Die Altarkerze bildet hierbei die einzige Ausnahme. Bedenke also auch, dass die Kerzen nicht unbedingt zu groß sein sollten, denn dann werden sie deutlich länger abbrennen. In den meisten Fällen müssen die Kerzen zudem vorbehandelt werden. Man spricht an dieser Stelle von der Salbung oder Ölung der Kerzen. Neben dem passenden Öl, das meist eine Kombination aus Blüten, Kräutern und ätherischen Ölen darstellt, ist auch die Art und Weise, wie die Kerze gesalbt wird, von Bedeutung.

Dabei kommt es auf die Art des Wunsches an. Handelt es sich um ein Ritual der Abwehr, wird von der Mitte nach außen gestrichen. Soll es um die Anziehung gehen, wird von außen zur Mitte gestrichen. Erst nach der Salbung kann die Kerze auch entzündet werden.

Natürlich können Kerzen auch ohne dieser Salbung bzw. Ölung verwendet werden. Sie werden unter Umständen jedoch eine geringere Wirkung erzielen.

Ein wichtiger Punkt ist außerdem, dass Du die Kerzen niemals mit einem Streichholz anzünden solltest, denn der Schwefel verträgt sich mit den Ritualen nicht. Verwende eine weiße Kerze, mit welcher Du die anderen Kerzen entzündest. Diese Kerze sollte einzig und alleine diesem besonderen Zwecke dienen. Natürlich kannst Du auch einfach zu einem Feuerzeug greifen.

Viele entscheiden sich dazu, den persönlichen Wunsch oder einen bestimmten Namen, ein Zeichen oder eine Zahl in die Kerze zu ritzen. Hierzu kannst Du eine Athame oder eine Nadel verwenden. Die Gegenstände solltest Du zuvor jedoch mit ein wenig Weihrauch oder Salzwasser reinigen, denn dies befreit von negativer Energie.

Wer mit Kerzen arbeitet (und das tut praktisch jeder), sollte nicht nur auf die passenden Kerzenfarben achten, sondern ebenso auf die richtigen Öle, Düfte, Blumen und Kräuter, das passende Räucherwerk, die Mondphase und den richtigen Zeitpunkt. Du siehst also, dass es sich bei magischen Handlungen immer um Tätigkeiten handelt, die perfekt aufeinander abgestimmt werden.

DIE KERZENFLAMME UND IHRE BEDEUTUNG

Wenn Du Kerzen für Deine magischen Arbeiten benutzt, wirst Du schnell erkennen, dass sie unterschiedliche Flammen werfen. Ganze Orakel wurden zu diesem Thema kreiert. Jede Flamme hat ihre eigene Bedeutung und wirkt sich auf das Ritual aus bzw. soll die Wirkung verdeutlichen:

- Die Flamme, die flackert deutet auf Umstände oder Personen, die im Wege stehen.
- Eine rußende Flamme zeigt viele Widerstände auf, die überwunden werden müssen.
- Wenn die Flamme knistert zeigt dies, dass Blockaden und Hindernisse, die zum Ziel führen, überwunden werden können.
- Ein gutes Zeichen ist die gerade Flamme, denn sie zeigt an, dass es keine Probleme für den Zauber gibt.
- Auch die Größe der Flamme ist entscheidend. Ist sie klein, ist dies das Zeichen für eine Verringerung. Eine große Flamme zeigt positive und starke Energie.
- Wenn die Flamme größer wird, bedeutet dies, dass der Zauber wirkt.
- Erlischt die Flamme ist dies ein schlechtes Zeichen, denn es zeigt, dass es sehr viele Hindernisse gibt.
- Wenn Du bemerkst, dass sich die Flamme hin- und herbewegt oder zu hüpfen scheint, solltest Du entspannter an das Ritual oder den Zauber gehen.

6

MONDZAUBER

Unser Mond spielt für viele magische Rituale eine große Bedeutung. Wie viel Bedeutung Du ihm schenkst, liegt ganz bei Dir. Es gibt jedenfalls viele Vollmondzauber oder Rituale, die ganz bewusst auf den Mond und seine Phasen abgestimmte werden. Der Vollmond und der Dunkelmond zeigen uns nur einen Bruchteil einer Sekunde, die Wechselpunkte der einzelnen Phasen unseres Mondes. Ein Vollmondritual wird beispielsweise am letzten Tag vor dem Wechselpunkt vollzogen. Wenn der Vollmond nun zum Beispiel auf 6 Uhr morgens fällt, wird das Ritual in der Nacht zuvor durchgeführt, denn hier ist der Mond immer noch am Zunehmen und hat besonders viel Kraft. Auch wenn der Mond noch am nächsten Tag genauso hell erscheinen mag, energetisch gesehen nimmt er bereits wieder ab. Hexen wurden seit jeher mit dem Mond in Verbindung gebracht, denn er wirkte stets mystisch auf uns Menschen. Viele können bei Vollmond schlechter schlafen oder schwören auf das Haareschneiden nach den Mondphasen. Der Mond ist bereits seit Jahrtausenden ein mystischer Anziehungspunkt, um den sich zahlreiche Legenden und Mythen drehen.

DIE EINZELNEN MONDPHASEN

Vermutlich ist Dir bekannt, dass es unterschiedliche Mondphasen gibt. Diese wären zum Beispiel der Dunkelmond, an dem der Mond kein Licht zeigt. Danach folgen zwei Wochen des zunehmenden Mondes bis zum nächsten Vollmond und zwei Wochen des abnehmenden Mondes bis zum nächsten Dunkelmond. Jede Phase können wir einzeln nutzen, denn jede Mondphase ist für unterschiedliche Rituale die geeignete Wahl. Der Mond hat somit ebenfalls seinen Kreislauf, wie alles andere hier auf Erden auch.

DER DUNKELMOND

Diese Phase ist ideal für alle Rituale geeignet, bei denen es um den Neubeginn geht. Wollen wir etwas Neues erschaffen oder beginnen lassen ist diese Mondphase ideal. Auch dann, wenn wir eine Sache langsam aufbauen oder vergrößern wollen, können wir die Kraft des Dunkelmondes nutzen. Perfekt ist diese Mondphase auch für Schutzzauber und alle Rituale, die uns stärken sollen. So wie sich der Mond in den kommenden Jahren verstärkt, wird sich auch die Energie des Zaubers verstärken.

Die ersten drei Tage dieser Phase werden auch gerne als Neumond bezeichnet. Kann man die erste schmale Sichel des neuen Mondes sehen, also das sogenannte Neulicht, ist der Neumond praktisch vorbei.

ZUNEHMENDER MOND

Die Phase des zunehmenden Mondes ist ideal für Wachstumsrituale. Wenn Du Dir einen schnellen Erfolg wünscht, solltest Du den Zauber bei zunehmenden Mond durchführen. Die letzten drei Tage vor dem nächsten Vollmond sind hierfür übrigens besonders gut geeignet.

Gerne werden Rituale vollzogen, bei denen es um Schutz, Gesundheit, Liebe oder Wohlstand geht.

Ebenso ideal ist diese Mondphase, um Edelsteine, Amulette oder Talismane aufzuladen, die mit der Mondenergie geladen werden sollen.

DER VOLLMOND

Diese besondere Mondphase wird gerne dazu genutzt, um an sich zu arbeiten. Es ist die Zeit, die ideal für das Meditieren ist. Finde Deine innere Ruhe und kümmere Dich um Dich und Deine Belange. Außerdem ist es ein perfekter Zeitpunkt, um Kontakt zu Geistwesen, Schutzgeistern oder anderen Wesenheiten herzustellen. Der Vollmond ist perfekt für alle Rituale, die zur Regeneration und Entlastung gedacht sind. Oft haben wir in dieser Zeit auch intensivere Träume und können uns besser an diese erinnern.

DER ABNEHMENDE MOND

In der Phase des abnehmenden Mondes geht es um die Dinge, die wir aus unserem Leben entfernen wollen. Dies können beispielsweise Süchte oder schlechte Angewohnheiten, Ängste, Depressionen oder Liebeskummer sein. Alles, was beendet werden soll, wird in dieser Phase vollzogen. Es ist die Phase der Loslass-Rituale und des Abschiednehmens. Besonders kraftvoll sind die letzten Stunden vor dem Zeitpunkt des nächsten Dunkelmondes.

MONDZAUBER

Mondzauber sind sehr alte Zauber, die seit Generationen vollzogen werden. Sie sollen unter anderem Beziehungen festigen und diese vor negativen Energien schützen. Darüber hinaus sind sie sehr oft mit Fruchtbarkeitszauber oder Ritualen für die Treue verbunden.

Wenn Du Dich für einen Mondzauber entscheidest, solltest Du immer die Energie des Mondes spüren. Am besten ist es daher, wenn Du das Ritual oder den Zauber im Freien vollziehen oder den Mond zumindest durch ein Fenster sehen kannst. Vor allem bei Vollmond sollte das Licht des Mondes auf Dich fallen.

TREUEZAUBER

Dieses Ritual solltest Du in der Phase des zunehmenden Mondes vollziehen.

Du benötigst dazu:

- 1 weiße Kerze
- ein Stück Papier
- eine Schüssel mit Wasser
- 13 Tropfen Muskatöl*

Nimm neue Kerzen und reinige sie zuvor mit ein wenig Weihwasser. Tropfe die 13 Tropfen des Muskatöls in das Wasser und denke dabei an Deinen Wunsch. Entzünde die weiße Kerze und konzentriere Dich erneut auf Deinen Wunsch. Lass nun 13 Tropfen des Kerzenwachs auf das Papier tropfen und sprich dabei:

„Hört die Worte, hört mein Flehen,
lasst mich von nun an Treue sehen."

Lass nun ein paar Tropfen des Wasser mit Deinem Finger auf das Stück Papier tropfen. Verbrenne das Stück Papier und denke dabei erneut an Deinen Wunsch. Lösche das Licht der Kerze aus und lass die Asche im Licht des Mondes vom Wind davontragen oder leere sie in einen Fluss.

Beim nächsten Vollmond entzündest Du die Kerze erneut und lässt sie vollkommen abbrennen. Dies wird die Energie verstärken und den Zauber ins Rollen bringen.

BINDUNGSZAUBER

Wenn Du einen aktuellen oder neuen Partner stärker an Dich binden willst, nutze diesen Zauber bei Vollmond. Du solltest den Zauber nur dann ausführen, wenn Du sicher bist, dass Du die Person wirklich an Dich binden willst. Auch um eine Freundschaft zu verstärken, eignet sich dieses Ritual gut. Dennoch solltest Du nicht gegen den Willen der anderen Person handeln. Der Zauber dient dazu, eine Beziehung zu festigen, nicht mehr und nicht weniger.

Du benötigst:

- 1 rote Kerze
- Weihrauch
- 13 Tropfen Moschusöl*
- getrocknete Rosenblätter
- eine Nadel
- ein Stück Papier

Entzünde die rote Kerze und räuchere etwas Weihrauch, das Moschusöl und die getrockneten Rosenblätter. Stich Dir mit der Nadel in den linken Zeigefinger und lass drei Tropfen Blut auf das Papier tropfen, denke an die Person, die Du an Dich binden willst und sprich dabei folgende Worte:

„Durch mein Blut will ich Dich an mich binden,
alle Grenzen hier auf Erden überwinden.
Bleib mir treu in diesem Leben,
meine Liebe will ich Dir dafür geben."

*Muskatöl und Moschusöl selbst herstellen:
Als Basis verwendest Du hierzu Jojoba- oder Mandelöl. Setze rund 30 ml des Öls Deiner Wahl an und füge diesem einen Teelöffel Muskat oder Moschus hinzu. Lass die Mischung vier Wochen lang an einem warmen Ort stehen, danach ist das Öl fertig.

7

MAGISCHE RITUALE

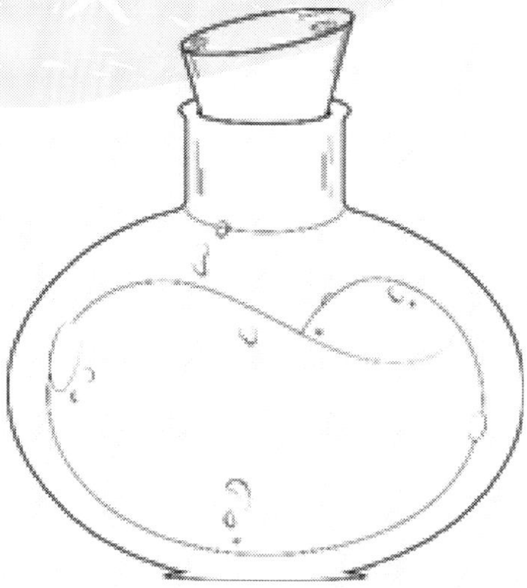

In der Magie dienen uns Rituale als Hilfsmittel, um die Energie in eine bestimmte Richtung lenken zu können. Wir versuchen mit ihnen, bestimmte Ereignisse und Menschen sowie andere Lebewesen zu beeinflussen. Grundsätzlich geht es stets um die eigene oder fremde Wunscherfüllung, um den Kontakt zu anderen Wesenheiten, um Rache oder Schutz und natürlich auch um die Liebe.

Dafür wählen wir eine bestimmte Mondphase, einen speziellen Wochentag oder Zeitraum und oftmals auch passende Farben, Räucherungen, Kräuter und Symbole. Durch diese Dinge sorgen wir dafür, dass ein Umfeld geschaffen wird, in dem wir unseren Zauber einfacher vollziehen können und somit unser gesetztes Ziel erreichen.

Bei vielen Ritualen ist der richtige Zeitpunkt also bedeutend. Doch auch unsere eigene Energie sollte stimmen. Ein Ritual sollten wir stets mit Ehrfurcht durchführen und niemals, wenn wir müde sind. Auch Wut ist kein guter Ausgangspunkt für einen Zauber, denn dann kann sich dieser sehr schnell in einen Fluch umwandeln.

UNTERSCHIEDLICHE RITUALE

Es gibt viele unterschiedliche Rituale, die für unterschiedliche Zwecke angewendet werden. Wichtig dabei ist, dass Du immer auf Dich und Dein Gefühl hörst, denn in Wahrheit gibt es auch hier keinen richtigen oder falschen Weg. Rituale haben viel mit den individuellen Gefühlen zu tun. Es geht um Energie, die wir freisetzen wollen, um bestimmte Dinge in eine gewisse Richtung zu lenken. Vergessen sollten wir dabei niemals, dass es um UNSERE Energie geht.

Es ist daher nicht außergewöhnlich, dass einige Hexen sich beispielsweise nach dem Mond oder gewissen Wochentagen, Stunden oder Monaten orientieren, während andere wiederum keinen Wert auf diese Dinge legen. Schlussendlich kommt es auch stets auf das bestimmte Ritual an und was damit bezweckt werden soll. Je mehr wir uns mit einem Zauber oder einem Ritual beschäftigen, desto mehr Energie bringen wir auch automatisch auf. Je mehr Energie wir aufbringen, desto stärker wird sie auch sein. Diese Tatsache wirkt sich natürlich auf jedes Ritual und jeden Zauber aus. Wenn Du nur halbherzig bei der Sache bist, wirst Du auch nur halbherzige oder gar keine Ergebnisse erzielen. Denke außerdem nicht, dass Du kurz einmal einen Zauberspruch aufsagen und dazu eine Kerze entzünden musst, und schon hast Du das Ergebnis, das Du Dir gewünscht hast. Leider (oder Gott sei Dank) funktioniert die Sache nicht so einfach. Du musst intensiv mit Deiner Energie arbeiten, um Dinge in eine bestimmte Richtung lenken zu können.

Rituale gibt es wie Sand am Meer. Einige Hexen sind der Meinung, dass die Rituale, die man selbst kreiert, effektiver sind und meist schneller eine Wirkung zeigen. Dennoch bekommst Du hier einen kleinen Einblick in unterschiedliche Rituale:

NEGATIVE ENERGIEN AUFLÖSEN

Ganz egal, um welche Dinge es geht: Wir haben alle negative Muster, Gedanken und Gewohnheiten, die wir vielleicht schon sehr lange versuchen, loszuwerden. Wie oft haben wir unsere eigenen guten Vorsätze schon gebrochen? Dieses kleine Ritual kann dabei helfen, negative Energien zu lösen und uns vor negativen Gewohnheiten zu befreien.

Du benötigst:

- eine weiße Kerze
- Dornen einer Rose
- Rosenweihrauch

Die Kerze wird entzündet und die Dornen werden vorsichtig in sie gesteckt. Dabei solltest Du ein wenig Rosenweihrauch verbrennen.

Während Du die Dornen in die Kerze steckst, solltest Du an die Gewohnheiten denken, die Du nicht mehr in Deinem Leben haben willst. Dies können übrigens auch Gefühle oder Muster sein. Vielleicht ziehst Du beispielsweise immer wieder die falschen Menschen an oder verliebst Dich immer wieder in jemanden, der es nicht ernst mit Dir meint.

Dazu sprichst Du folgenden Spruch:
„Ihr guten Seelen hört mich an,
unterstützt mich heute in meinem Belang.
Helft mir das Schlechte in meinem Leben zu binden,
lasst mich von jetzt nur noch Positives finden. „

Wie oft Du den Spruch aussprichst, hängt von Deinem Gefühl ab. Lass die Kerze danach abbrennen. Du solltest daher eine kleine Kerze verwenden, die Du nicht unbeaufsichtigt lässt! Wie bereits erwähnt ist es möglich, dass Du dieses kleine Ritual einige Male an unterschiedlichen Tagen wiederholen musst. Du wirst selbst bemerken, dass Du Dich befreiter fühlst und Du wirst wissen, wann das gewünschte Ergebnis eingetreten ist.

LOSLASSEN

Dieses Ritual wird bei abnehmendem Mond zelebriert. Dieser beginnt gleich nach dem Vollmond. Es ist die Zeit, in der wir uns von negativen Dingen und Emotionen verabschieden.

Wer mit Liebeskummer zu kämpfen hat, einer Person nicht vergeben kann oder irgendetwas anderes loslassen möchte, sollte sich für die Zeit des abnehmenden Mondes entscheiden. Wir arbeiten in dieser Zeit mit Ritualen und Zaubern, in denen wir erreichen wollen, dass etwas abnimmt.

Du benötigst:

- 5 weiße Kerzen
- getrocknete Rosenblätter
- getrocknete Lavendelblüten
- Muskat
- Weihrauch
- Palo Santo

Entzünde die Kerzen und räuchere die Zutaten in einer Räucherschale oder einem anderen Gefäß. Konzentriere Dich auf das, was Du erreichen willst. Wichtig dabei ist, dass es DIR am Ende besser gehen soll und Du keinen bestrafen willst. Es geht bei diesem Ritual um die Vergebung und den inneren Frieden, den Du wieder finden sollst.

Sprich dabei folgenden Spruch:
„Was einmal war, das ist nicht mehr,
und fällt es mir auch noch so schwer,
vermissen werd ich wohl die Zeit,
doch nichts ist für die Ewigkeit.
So soll ich nun nicht mehr dran denken,
und Frieden meiner Seele schenken.
Was einmal war, ist nun vorbei,
ab heute bin ich wieder frei."

Lass die Kerzen und das Räucherwerk abbrennen. Sammle die Asche des Räucherwerks ein und lass sie vom Wind forttragen.

MEERJUNGFRAUENZAUBER

Dieser Zauber soll gegen Traurigkeit helfen. Dazu solltest Du kleine Muscheln und Steine, Sand und andere kleine Dinge, die es am Strand zu finden gibt suchen. Natürlich kannst Du diese Dinge auch an einem Seeufer suchen, solltest Du nicht in der Nähe eines Meeres wohnen.

Die gesammelten Dinge werden in eine kleine Schale gegeben. Nun benötigst Du vier kleine Kerzen. Zwei von diesen sollten grün sein, die anderen beiden weiß. Außerdem benötigst Du noch ein paar frische Blumen in unterschiedlichen Farben. Lege diese um die Schale und entzünde die Kerzen.

Sprich folgenden Spruch:
„Traurigkeit soll von mir gehen,
will sie nicht mehr wiedersehen.
Fröhlichkeit komm in mein Leben,
will mit Dir von nun an schweben."

Lass die Kerzen abbrennen und nimm danach die Schale. Wirf die gesammelten Dinge wieder ins Meer oder in einen See. Sage den Spruch dabei nochmals auf. Lass die Blumen, die Du um die Schale gelegt hast trocknen. Wenn sie getrocknet sind, sollte auch Deine Traurigkeit vorbei sein. Lass sie dann ebenfalls ins Meer oder den See gleiten.

MAGISCHES SCHUTZRITUAL

Dieses Ritual soll Dich vor negativen Energien und Menschen beschützen.

Du benötigst:

- 3 weiße Kerzen
- Salbei
- Weihrauch
- Lavendel
- weiße Blütenblätter

Entzünde die Kerzen und räuchere die restlichen Zutaten in einer Schale.

Sprich dabei folgenden Spruch:
„Ihr Mächte des Himmels, ich flehe euch an,
gebt mir die Kraft, dass der Zauber wirken kann.
Beschützt mich vor allen schlechten Dingen,
lasst vor Freude mein Herz wieder singen."

Die Kerzen lässt Du wieder abbrennen, ebenso das Räucherwerk. Fülle Dir eine Vollbad ein und füge die Asche des Räucherwerks hinzu. Bade darin 20 Minuten und wasche Dich danach gut ab.

Gerechtigkeitszauber

Wenn Du sicher bist, dass Du unschuldig bist und dennoch verurteilt wirst, kannst Du diesen Zauber anwenden. Du benötigst eine violette Kerze, in welche Du die beiden Wörter "nomine iustitiae" ritzt. Verwende dafür ein kleines Messer oder eine Nadel. Die Wörter stammen aus der lateinischen Sprache und bedeuten "im Namen der Gerechtigkeit". Unter den Zettel legst Du einen Zettel, auf welchem Du die Ungerechtigkeit beschreibst.

Sprich dabei folgenden Spruch:
„Mächte des Himmels erhört mein Flehen,
lasst alle nun die Wahrheit sehen.
Helft mir Gerechtigkeit zu erlangen,
und nicht mehr um mein Recht zu bangen."

Bitte nicht darum, dass anderen Schlechtes widerfährt, sondern lenke die negativen Energien einfach von Dir. Du solltest diesen Zauber nur dann anwenden, wenn Du sicher bist, dass Du unschuldig bist.

Die Göttin der Gerechtigkeit, Justitia, sorgt für Vergeltung eines Unrechtes. Der Zauber trifft also den Verursacher, auch wenn dieser vielleicht sogar selbst es ist, der die Kerze entzündet.

Lass die Kerze drei Stunden lang brennen und lösche sie danach aus.

8

WUNSCHZAUBER

Der Wunschzauber ist einer der beliebtesten Zauber, die wir kennen. Sehr oft wird er ohne Ritual und ganz spontan angewendet. Nicht immer geht es dabei um die eigene Person, sondern manchmal auch um unsere Liebsten, für die wir uns etwas wünschen. Die meisten Menschen verwenden die Kraft der Magie, um sich ihre Wünsche zu erfüllen.

Ein Wunschzauber kann sehr unterschiedliche Ziele haben. So können wir uns beispielsweise nach einer besten Freundin oder einem besten Freund sehnen und uns diese herbeiwünschen oder wir wünschen uns den idealen Partner. Vielleicht wünschen wir uns aber auch mehr Erfolg, mehr Geld oder Schönheit etc. Zwar können wir diese einzelnen Wünsche nochmals in unterschiedliche Zauber unterteilen wie beispielsweise Liebeszauber, Freundschaftszauber oder Erfolgszauber, doch am Ende handelt es sich stets um unsere Wünsche, die wir uns mit den Ritualen erfüllen wollen.

Gibt es die Person noch nicht in unserem Leben, wünschen wir sie uns herbei. In diesem Fall handelt es sich klassischerweise um einen Wunschzauber.

DAS KLEINE WUNSCHRITUAL

Dieses kleine Ritual kannst Du für unterschiedliche Herzenswünsche einsetzen. Natürlich solltest Du Dir zuerst einmal im Klaren darüber sein, was Du Dir genau wünschst. Wenn Du Dir selbst nicht sicher bist, wirst Du auch nichts erreichen können oder Dinge in Dein Leben holen, die Du eigentlich so gar nicht wolltest. Du musst Dir zuvor also sicher sein, was Du Dir GENAU wünscht und ob Du es Dir auch wirklich wünscht.

Auf den ersten Blick klingt dies ganz einfach, doch die Wahrheit ist, dass nur wenige Menschen genau wissen, was sie wollen. Vielleicht weißt Du aber, was Du nicht willst!? Schreibe Dir diese Dinge als Hilfe auf einen Zettel. Dieser kleine Trick kann Dir dabei helfen herauszufinden, was Du gerne hättest.

Was Du für das kleine Ritual benötigst:
Eine Kerze in der Farbe, die Deinen Wunsch symbolisiert. Wenn es sich beispielsweise um die Liebe handelt, wähle eine rote Kerze. Sollte es um Freundschaft gehen, entscheide Dich für eine weiße Kerze oder geht es um eine Heilung, wähle die Farbe Grün.
Darüber hinaus benötigst Du noch ein wenig ätherisches Öl der Geranie sowie Weihrauch.

Beginne mit dem Räuchern des Weihrauchs und reibe die Kerze mit ein paar Tropfen des Geranium-Öls ein. Streiche mit Deinem Finger von der Mitte nach oben und daraufhin nach unten. Mit einer Nadel oder einem Messer ritzt Du Deinen Wunsch in die Kerze. Visualisiere Deinen Wunsch und sprich folgenden Spruch dreimal:

„Was mein Wunsch ist soll geschehen,
möge sich die Welt auch drehen.
Mächte des Himmels, erhört mein Flehen,
lasst meinen Wunsch in Erfüllung gehen."

Lass die Kerze herunterbrennen und wiederhole das Ritual nach drei Tagen erneut, sollte der Wunsch noch nicht in Erfüllung gegangen sein. Nachdem Du den Zauber insgesamt dreimal wiederholt hast, sollte das Ergebnis eingetroffen oder bereits auf dem Weg sein.

WÜNSCHE ERFÜLLEN

Du kannst auch noch einen anderen kleinen Wunschzauber anwenden. Diesen solltest Du in der Phase des Neumondes durchführen.

Dazu benötigst Du:

- eine weiße Kerze
- ein Blatt Papier
- getrocknete Lavendelblüten

Auf das Blatt Papier schreibt Du Deinen Wunsch so exakt auf, wie Du nur kannst. Entzünde die Kerze und schaue in das Kerzenlicht. Visualisiere Deinen Wunsch und streue dabei die getrockneten Lavendelblüten über das Blatt Papier. Reibe sie ein wenig in das Papier, damit dieses den Duft des Lavendels aufnimmt.

Sprich folgenden Spruch:
„An diesem Tag, in diesem Moment,
möge mein Wunsch in Erfüllung gehen, wenn das Papier hier brennt."

Verbrenne das Blatt Papier und visualisiere dabei erneut Deinen Wunsch. Lass die Kerze niederbrennen und die Asche des Papiers vom Wind forttragen.

EIN ZIEL ERREICHEN

Auch das Erreichen eines bestimmten Ziels ist ein Wunsch. Dabei spielt es keine Rolle, ob es um den Beruf oder den privaten Bereich geht. Vielleicht willst Du auch einfach Dein Selbstbewusstsein stärken oder mehr Mut bekommen?

Nimm eine weiße Kerze und reibe sie mit ätherischem Lavendelöl ein.

Sprich folgenden Spruch:
„Zu meinem Glück will ich hinauf,
mein Ziel, das geb' ich niemals auf.
Angst und Tränen lass ich gehen,
damit ich bald mein Ziel kann sehen."

Lass die Kerze abbrennen und erwarte Deinen Erfolg.

Deine Wünsche solltest Du sehr gut überdenken. Vergiss nicht, dass Du die Energie immer zurückbekommen wirst, in welcher Form auch immer. Es sollte nie darum gehen, anderen Menschen zu schaden, auch wenn diese noch so schlecht oder unfair zu Dir gewesen sind. Denke daran, dass wir aus unseren Erfahrungen lernen und diese Menschen in diesem Moment so handeln mussten, wie sie es getan haben. Alles hat seinen Grund und wir alle müssen unseren Weg gehen. Vielleicht hast auch Du in Deinem vorherigen Leben Unrecht über andere gebracht oder wirst es in Deinem nächsten Leben tun. Handle also stets nach Deiner Überzeugung und vergiss außerdem nicht, dass es auch Dinge gibt, die nicht sein sollen, ganz egal, wie sehr wir es uns auch wünschen. Magie kann gewisse Dinge in eine Richtung lenken, aber sie wird niemals Dinge erreichen können, die ganz einfach nicht sein sollen.

9

SCHÖNHEITSZAUBER

Schönheit ist immer eine Illusion. Wahre Schönheit kommt aus unserem Inneren. Es handelt sich um ein Strahlen. Natürlich gibt es bestimmte Vorbilder, an denen wir uns orientieren und gewisse Schönheitsideale, denen wir nachstreben. Ein Schönheitszauber hat stets mit uns und unsere Körper zu tun und ist daher immer sehr individuell.

Besonders wichtig zu sagen ist, dass Du bei keinem Schönheitszauber, nicht sofort so aussehen wirst, wie Du es Dir erwartest, denn so seltsam es klingen mag: Auch Magie kann nicht zaubern. Du kannst die Energie in eine bestimmte Richtung lenken und je mehr Energie Du aufbringst, desto besser wird auch das Ergebnis sein. Das gilt natürlich nicht nur für Schönheitszauber, sondern auch für alle anderen Bereiche. Erwarte also nicht sofort die Resultate, von denen Du schon Dein Leben lang träumst. Es handelt sich dabei um eine Sache der Entwicklung.

DER ROSENBLÄTTER-ZAUBER

Bei diesem Zauber handelt es sich um ein kleines Ritual, das dabei helfen kann, attraktiver zu werden. Du wirst Dich wohlfühlen und entspannen.

Für den Zauber benötigst Du neben einer Badewanne noch:

- 6 rosa Kerzen
- eine Tasse frischer Rosenblätter
- Lavendelblüten
- Rosenweihrauch

Fülle nun die Wanne mit warmen Wasser und füge die Rosenblätter und den Lavendel hinzu. Zünde die Kerzen an und räuchere in einer Schale ein wenig Rosenweihrauch. Nur das Kerzenlicht sollte es in Deinem Badezimmer nun geben.

Bevor Du in das Badewasser steigst, stell Dir vor, wie Du gerne aussehen würdest und sprichst:

„Götter der Schönheit, erhört mein Flehen,
lasst mich von nun an wunderschön durchs Leben gehen.
Lasst mich weinen keine Träne,
helft mir mich so zu verändern, wie ich es ersehne!“

Danach steigst Du in das Badewasser und verweilst mindestens 20 Minuten lang.

MAGISCHES BADESALZ ZUM DETOXEN

Auch ein magisches Badesalz, um den Körper zu entgiften, kannst Du selbst herstellen.

Verwende dafür:

- 1 Tasse grobes Meersalz
- ½ Tasse Natron
- 1 Amethysten
- 10 Tropfen ätherisches Lavendelöl oder
- 10 Tropfen ätherisches Zitronenöl

Vermische die Zutaten miteinander und lass diese im Licht des Vollmondes aufladen. Danach verwende das Badesalz immer dann, wenn Du Deinen Körper reinigen willst und vergiss nicht, ausreichend Wasser zu Dir zu nehmen!

BLUTZAUBER FÜR DIE SCHÖNHEIT

Für diesen Zauber benötigst Du folgende Dinge:

- 1 Nadel
- 1 rote Kerze
- 1 Stück Papier
- Rosenblätter
- Weihrauch

Räuchere den Weihrauch und die Rosenblätter, entzünde die Kerze und sprich dabei folgenden Spruch, der sich an die Göttin Aphrodite wendet:

„Hört meine Worte, hört mein Gebet.
Ich weiß, dass Ihr es seid, die mich versteht.
Schönheit und Jugend sollen mich überschütten,
und mich für alle Zeiten beglücken."

Nimm nun die Nadel und stich in deinen linken Zeigefinger. Lass drei Tropfen Deines Blutes auf das Blatt Papier tropfen und sprich:

*„Dies ist mein Blut, nimm es als mein Opfer an.
Aphrodite, bitte schenk mir, wonach ich verlang!"*

Verbrenne nun das Blatt Papier und konzentriere Dich dabei darauf, wie Du gerne aussehen möchtest. Lass die Kerze abbrennen.

Wenn es um die Schönheit geht, so sollte Dir klar sein, dass diese immer sehr relativ ist. Du musst bei jedem Ritual und jedem noch so kleinen Zauber daher immer ein Bild im Kopf haben, wie Du gerne aussehen möchtest. Es hat keinen Sinn einfach nur nach Schönheit zu verlangen, denn diese ist immer eine Frage der Sicht und sehr subjektiv.

Schönheit alleine reicht außerdem nie aus. Sie ist immer eine Mischung aus Deinem Auftreten, Selbstvertrauen und Deiner Ausstrahlung. Du kannst noch so schön sein und die perfektesten Proportionen und schönsten Gesichtszüge haben: Wenn Du keine Liebe und Freude ausstrahlst, bist Du auch nicht schön. Schönheit hat somit nicht nur mit dem Körper zu tun, sondern auch mit Deiner Seele und Deiner Einstellung. Dies solltest Du niemals vergessen. Kümmere Dich daher niemals nur um Dein Erscheinungsbild, sondern arbeite auch an Deinem Geist.

Und noch etwas: Schönheit ist niemals eine Garantie dafür, dass Du bessere Freunde oder den besseren Partner in Deinem Leben haben wirst. Wenn Du einen Schönheitszauber durchführst, solltest Du diesen auch wirklich nur für Dich aussprechen und niemals für eine andere Person oder um eine andere Person in Dein Leben zu ziehen.

Es gibt übrigens auch Schönheitszauber, die Dich das Schöne im Leben wieder erkennen oder finden lassen sollen.

Um Schönheit wiedererkennen zu können

Für diesen kleinen Zauber benötigst Du nur drei rosa Kerzen und etwas Lavendelöl. Reibe die Kerzen mit dem Öl ein und entzünde sie. Sprich dabei folgenden Spruch:

Du benötigst:

- eine Schale Wasser
- eine rosa Kerze
- Blütenblätter in rosa, weiß und violett
- Weihrauch
- ätherisches Gardenienöl

Räuchere den Weihrauch, entzünde die Kerze und tropfe 13 Tropfen des ätherischen Gardenienöls in das Wasser. Die Blütenblätter legst Du um die Schale und sprichst:

„Schöne Dinge will ich erleben,
das Schlechte soll aus meinem Leben gehen.
Nur Gutes soll von nun an zu mir kommen,
im Licht des Lebens will ich mich von nun an sonnen."

10

LIEBESZAUBER

Liebeszauber sind ein Bereich der Magie, der nicht unbedingt frei von Vorurteilen ist. Viele Hexen sind dagegen, denn wenn Du jemanden dazu bringen willst, sich in Dich oder eine andere Person zu verlieben, ist das nicht unbedingt gut. Diese Sache geschieht gegen den Willen der Person und ist somit nichts, was Du selbst gerne erleben würdest. Auf der anderen Seite, existieren diese Rituale und Zauber bereits seit Jahrtausenden und sind die wohl beliebtesten Zauber, die wir kennen. Im Endeffekt dreht sich alles immer nur um die Liebe. Jeder Film, jedes Buch und fast jede Emotion, wenn wir es weiterspielen.

Liebeszauber sind immer sehr persönlich. Du kannst sie einfach selbst kreieren, denn sie sollten stets aus dem Herzen kommen. So kannst Du beispielsweise die Liebe zwischen Deinem Partner und Dir noch magisch verstärken oder dafür sorgen, dass sich Dein Partner wieder neu in Dich verliebt, die guten Zeiten wieder in Erinnerung ruft etc. Bei jeder Aktion solltest Du Dir jedoch darüber bewusst sein, dass alles eine Konsequenz hat, mit der Du am Ende leben musst.

UM DIE WAHRE LIEBE ZU FINDEN

Wenn Du nach Deiner wahren Liebe suchst, hast Du vermutlich eine ganz bestimmte Vorstellung, wie diese Person sein soll. Darum geht es bei diesem Zauber jedoch nicht. Dieser Zauber kann Dich auch zu einer Person bringen, die einfach nur ein guter Freund oder eine gute Freundin werden oder wie eine zweite Mutter zu Dir sein wird. Liebe kennt viele Gesichter. Wenn Du nach einer Person suchst, die zu Dir passt und ein Teil Deines Lebens werden soll, der Du vertrauen kannst und auf die Du Dich verlassen kannst, wende diesen Zauber an.

Du benötigst zuerst:

- 3 rote Kerzen
- einen roten Faden
- getrocknete Rosenblätter

Mit den Rosenblättern bildest Du einen Kreis, in dem Du die Kerzen stellst. Entzünde sie und sprich dabei folgenden Spruch:

„Ich suche Dich, ich suche Dich.
Komm zu mir und liebe mich.
Komm doch endlich in mein Leben,
Liebe will ich Dir dafür zurückgeben."

Nimm nun den roten Faden und knote ihn so zusammen, dass ein Kreis entsteht. Lösche die Kerzen und binde sie mit dem zusammengebundenen Faden ebenfalls zusammen. Nimm die Rosenblätter und die Kerzen und vergrabe sie an einer Lichtung, im Garten oder auf einem Feld. Wenn es an der Zeit ist, wird Deine ersehnte Liebe in Dein Leben treten.

Liebeskummer loswerden

Wenn Du Deinen Liebeskummer loswerden willst, benötigst Du:

- getrockneten Lavendel
- Muskatnuss
- eine weiße Kerze
- 5 Tropfen Jasminöl

Sprich folgenden Text, während Du die Kerze entzündest, die Du zuvor mit dem Jasminöl, der Muskat und dem Lavendel eingerieben hast und an die Person denkst, die Schuld an Deinem Kummer ist:

„Weinen will ich nun nicht mehr,
ein neues Leben soll jetzt her.
Helft mir den Mut erneut zu finden,
helft mir mich von dieser Person loszubinden."

Lass die Kerze abbrennen. Mit jeder Stunde wirst Du bemerken, dass es Dir besser geht und Du Dich langsam befreist.

Wenn Du Deine eigenen Liebeszauber kreierst, nutze dafür die Kraft der Rose. Rosen werden seit jeher für alle Liebeszauber verwendet. Greife zu roten Kerzen, um die Leidenschaft zu symbolisieren und binde den Zauber mit Deinem Blut und gegebenenfalls auch dem Blut Deines Partners. Wenn ihr euch gegenseitig aneinander binden wollt, fügt ihr dem Zauber beispielsweise je einen Tropfen eures Blutes hinzu, das vom linken Zeigefinger stammt. Dieses Blut fließt symbolisch genau vom Herzen.

11

ORTE UND WESENHEITEN, DIE UNS KRAFT SPENDEN...

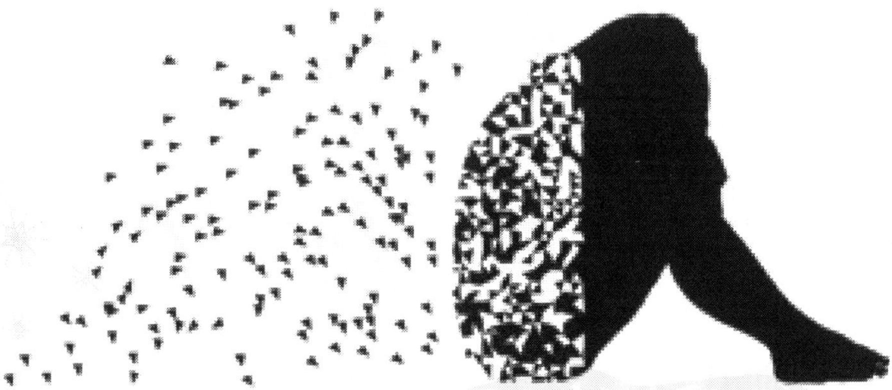

Es gibt Orte und Wesenheiten, die uns besonders viel Kraft spenden. Manchmal gehen wir beispielsweise durch ein Feld oder durch einen Wald und fühlen uns sofort geborgen und sicher. An anderen Orten wiederum, erleben wir das Gegenteil und wollen nicht verweilen, obwohl eigentlich alles ganz "normal" zu sein scheint. Jeder von uns hat seine eigenen Kraftorte und Krafttiere, die uns Energie spenden und Schutz bieten.

KRAFTORTE

Vielleicht hast Du schon einmal etwas von einem sogenannnten Kraftort gehört? Kraftorte sind spezielle Plätze, an denen wir die Kräfte unserer Erde ganz besonders stark wahrnehmen können. Die Energiebahnen der Erde treffen sich an diesen Stellen, weshalb es zu energetischen Knotenpunkten kommt. Ein wenig könntest Du die Sache mit einem Akupunkturpunkt des Körpers vergleichen.

Es handelt sich um heilige Orte, die uns Kraft und Mut schenken können. An diesen Orten fühlen wir uns oft sofort wohl und wissen, dass hier etwas anders ist. Wir können die besondere Energie wahrnehmen und fühlen uns ganz einfach mit der Erde verbunden und beschützt. Die Orte erleichtern uns auch die Verbindung zu unserem Selbst und zu den Göttern. Es sind die besonderen energetischen Kräfte, die ideal für magische Rituale sind. Aus diesem Grund gibt es auch so unglaublich viele Erzählungen von Hexen, die sich einst im Wald zum Tanz oder gemeinsamen Ritualen trafen.

Steinkreise, Kirchen und rituelle Plätze der Menschen wurden über viele Jahrhunderte hinweg, an genau diesen Stellen errichtet. Dies zeigt, dass den Menschen schon damals bewusst war, dass es sich dabei um ganz spezielle Plätze handeln musste. Wenn Du nach einem Kraftort suchst, kannst Du ihn in der Stille der Natur finden. Gehe mit offenen Augen durch die Wiesen, Wälder und Felder und Du wirst zahlreiche heilige Plätze finden, an denen es mystische Lichtungen, steinalte Bäume, bezaubernde Flüsse und einzigartige Felsen zu entdecken gibt.

Jeder reagiert unterschiedlich auf solch einen Kraftort. Wenn Du Dich an einem bestimmte Ort unglaublich wohl fühlst, ist dies für Dich der ideale Kraftort. Für eine andere Person kann der Ort jedoch keine Bedeutung haben oder sogar das genaue Gegenteil bewirken. Weshalb? Weil wir alle energetisch unterschiedlich schwingen und daher auch auf Schwingungen unterschiedlich reagieren.

Wenn Du Deinen Kraftort gefunden hast, solltest Du Dich mit ihm verbinden und ihn im Geiste um die Erlaubnis bitten, Deine Rituale hier abhalten zu dürfen. Höre ganz genau auf seine Worte und was Dir die Erde sagt. Du wirst viel über die Vergangenheit und den Geist des Ortes erfahren, wenn Du nur genau hinhörst.

KARRIERE

Tiere sind in der Welt der Hexen und Druiden schon seit vielen Jahrtausenden ein wichtiger Teil. Sie sind die Lehrer und Berater in der anderen Welt sowie die Reiseführer und werden daher geschätzt und geachtet. Eine Trennung zwischen Mensch, Tier oder Pflanze gibt es im Hexenglauben an sich nicht, denn jedes Wesen wird gleichwertig und einfach nur als Wesen beachtet. Aus diesem Grund können Hexen die Grenze zur anderen Welt viel einfach überschreiten, denn Sinn ist es mit allen Wesen zusammenleben zu können und einen respektvollen Umgang zu pflegen. Unterschiedliche Krafttiere können Dir auch bei unterschiedlichen Ritualen helfen. Einige der wichtigsten Krafttiere sind:

DER WOLF

Der Wolf ist ein wundervolles Tier, das wild und stark ist. Die Energien kommen aus der Kraft allen Ursprungs. Der Wolf soll die Schatten in unserer Seele symbolisieren. Er wandelt zwischen den einzelnen Welten hin und her und kann ganz besonders tief in Dein Bewusstsein eintauchen. Selbst die dunkelsten Nuancen bleiben ihm nicht verborgen. Durch ihn lernen wir, auch unsere dunklen Seiten zu akzeptieren und sie genau zu ergründen. Wir sollen sie in ihrer Gesamtheit wahrnehmen, denn sie führen uns tiefer zu unserer Seele. Er zeigt uns, dass auch wir etwas wildes und unzähmbares in uns tragen.

Doch wir sollen diese Seiten nicht nur akzeptieren, sondern auch an ihnen arbeiten. Der Wolf kann uns stärken und uns unserer Freiheit des Geistes wieder vor Augen führen. Für den Wolf zählen die Grenzen und Regeln der Gesellschaft nicht. Trotz allem lehrt uns der Wolf auch, wie wichtig es dennoch ist, uns selbst und anderen treu zu sein und sich gegenüber unserem Partner sowie dem Rudel loyal zu verhalten. Die Familie steht stets für Schutz und Rückhalt ganz ohne jegliche Gegenleistung. Dieses Bewusstsein wird durch den Wolf gestärkt.

Darüber hinaus erinnert uns der Wolf an die Intuition und unseren Instinkt.

DIE KATZE

Schon immer ist die Katze für Mystik und Weisheit bekannt. Sie soll unserer kreativen Fähigkeiten stärken und die geistige Entwicklung fördern. Die Katze steht außerdem für unglaublich viel Willenskraft und für den berühmten 7. Sinn. Darüber hinaus symbolisiert sie Intuition, Freiheit und Selbstbestimmtheit.

Zwar sind Katzen oft sehr anhänglich und verschmust, doch wollen zu nichts gezwungen werden. Als Krafttier sagt uns die Katze, dass wir auch in schweren Zeiten, unsere Sanftmut nicht verlieren und kein Herz aus Stein haben sollen.

DIE EULE

Eulen haben unglaubliche Fähigkeiten, denn sie können ihren Kopf um mehr als 270 Grad drehen. Sie haben hervorragende Augen und sind nachtaktive Jäger, die ohne jeglichen Laut zuschlagen. Darüber hinaus umgibt die Eule eine mystische Aura, die bereits im antiken Griechenland verehrt wurde.

Die Eule steht für Intuition, Weisheit und Einsicht und will uns auf unseren eigenen Weg bringen. Sie zeigt uns, dass wir noch viel zu lernen haben und dennoch auf uns und unsere Intuition vertrauen sollen. Eulen stehen für das Unbewusste und Verborgene und sollen uns daran erinnern, dass es Dinge gibt, die wir zwar nicht mit unseren Augen sehen können, die jedoch dennoch stets um uns sind.

DER LÖWE

Der Löwe steht natürlich für Stärke und Kraft. In Asien sieht man ihn als Beschützer und Wächter, der böse Geister und Dämonen vertreiben kann. Neben der Stärke steht der Löwe jedoch auch für die Gelassenheit, denn die Ruhe ist ihm praktisch in die Wiege gelegt worden. Außerdem soll uns der Löwe an unsere Loyalität erinnern.

Das Krafttier zeigt uns, dass wir vielleicht große Kraft und Macht über andere haben, will uns jedoch gleichzeitig daran erinnern, dass diese Macht auch Verantwortung mit sich bringt, vor der wir unsere Augen nicht verschließen dürfen.

DER FUCHS

Der Fuchs ist ein schlaues Krafttier, das genau weiß, wie man an seine Ziele gelangt. Füchse erkennen, wann es Zeit für ein Handeln ist und kennen stets den richtigen Augenblick. Der Fuchs lehrt uns jedoch auch, unsere eigene Kreativität wieder zu finden und will uns daran erinnern, dass wir für unsere Ziele auch einiges tun müssen. Ohne in Bewegung zu kommen, können wir nichts erreichen oder verändern.

DIE FLEDERMAUS

Sie schärft unseren 7. Sinn und steht für Freiheit und Magie schlechthin. Die Fledermaus schenkt uns Mut und zeigt uns, dass auch wir in der Lage sind, neue Wege zu finden. Sie hilft uns dabei, unsere Träume zu verwirklichen und gibt uns die Energie für einen Neuanfang. Darüber hinaus kann sie uns dabei helfen, uns von alten Mustern und Zwängen zu befreien. Sie stärkt unsere Intuition und erinnert uns an die Magie, die stets um uns ist.

DIE LIBELLE

Die Libelle verbindet uns mit den Tiefen unserer Seele. Sie kann unserer Entscheidungskraft stärken und für Veränderungen in unserem Leben sorgen. Libellen sind Licht- und Wasserwesen, die eine transformierende Klarheit besitzen. Sie sollen unsere Selbsterkenntnis fördern, uns bei der Realisierung unserer Ziele helfen und uns Kraft für Wandlungen schenken. Libellen sorgen außerdem für ein tiefes Verständnis und stehen für Reife, Entschlossenheit und Verwandlung.

DAS PFERD

Pferde sind Herdentiere und dennoch extrem scheu. Wenn sie Angst bekommen, laufen sie sofort davon. Dennoch steht das Pferd als Krafttier für ein wachsendes Selbstvertrauen und kann uns dabei unterstützen, neue Wege zu gehen. Das Pferd lehrt uns, neue Chancen zu erkennen und diese auch anzunehmen. Wir sollen im Hier und Jetzt leben und uns nicht immer um den nächsten Tag sorgen, denn das Leben geschieht immer nur JETZT.

DIE TAUBE

Tauben stehen bekanntlich für den Frieden und die Freiheit. Die schönen Tiere sollen uns an unsere eigene Freiheit erinnern und schenken uns das Vertrauen, das wir für unsere Vorhaben benötigen. Sie lehren uns Klugheit, Sanftheit und Sensibilität und erinnern uns daran, dass wir wieder ein wenig kreativer sein sollen. Tauben stehen für die Spiritualität, die Wandlung und für die göttliche Inspiration auf Erden. Zudem können sie uns dabei helfen, Kontakt zur eigenen Seelenwelt zu bekommen.

DIE SPINNE

Viele von uns haben große Angst vor Spinnen, doch die kleinen Tiere sind nicht nur sehr intelligent, sondern auch extrem fleißig. Spinnen stärken unsere eigene Schöpferkraft. Sie erinnern uns an unsere Träume, die manchmal einem Spinnennetz gleichen, sowie an unsere Emotionen und spirituellen Gedanken. Durch die Spinne können wir lernen, gewisse Dinge in einem anderen Licht zu sehen.

DER HUND

Der Hund wird gerne als bester Freund des Menschen beschrieben. Auch als Krafttier soll er uns an die Aufrichtigkeit und Loyalität erinnern und uns wieder Mut und Lebensfreude geben. Der Hund ist verspielt und dennoch voller Tatkraft. Er lehrt uns Demut, Gehorsam, Ausdauer und Pflichtbewusstsein.

DER ADLER

Auch der Adler ist ein mächtiges Krafttier, das uns an unsere Freiheit und die Seele erinnern soll. Wir sollten wieder lernen, mehr auf unser Bauchgefühl zu achten und diesem auch unser Vertrauen zu schenken. Der Adler erinnert uns daran, dass wir alle göttliche Majestäten sind und ist das Sinnbild für unser spirituelles Verständnis.

DER FALKE

Als Krafttier schenkt uns der Falke unglaublich viel Geduld und Umsicht. Er hilft uns dabei, unsere Chancen zu erkennen und diese zu ergreifen und kann uns dabei unterstützen, die wichtigen Dinge des Lebens von den unwichtigen Dingen zu unterscheiden. Der Falke verschafft uns einen guten Überblick über die Gesamtsituation und verleiht uns Weitblick und Scharfsinn.

DAS KRAFTTIER RUFEN

Manchmal bekommen wir nicht das, was wir wollen, sondern das, was wir brauchen. Rufe daher nicht gezielt nach einem bestimmten Krafttier, sondern gehe in die Meditation mit dem Ziel, Dein Krafttier zu finden und Dir wird das Krafttier zur Seite stehen, das Du in der augenblicklichen Situation benötigst. Gehe ohne jegliche Erwartung in die Meditation und versuche Dich einfach auf das Experiment einzulassen.

Immer dann, wenn Du den Beistand Deines Krafttieres suchst, kannst Du es einfach in Gedanken rufen. Es wird Dich nicht im Stich lassen und Dich auf Deinem Weg begleiten und unterstützen.

12

KRÄUTERMAGIE

Seit Jahrtausenden leben wir mit Kräutern. Früher waren sie die einzige Medizin, die wir gekannt haben. In früheren Zeiten war es nicht selten, dass Frauen als Hexen angesehen wurden, nur weil sie Kräuter gesammelt haben und um deren Wirkung wussten. Heute entdecken wir die heilende Wirkung der Kräuter neu und verwenden sie gegen zahlreiche Beschwerden. In der Magie spielen Kräuter selbstverständlich ebenfalls eine große Rolle.

KLEINE KRÄUTERKUNDE

Es gibt zahlreiche Kräuter auf unserer Erde. Jedes Kraut, hat seine eigene Bedeutung und eine unterschiedliche Wirkung. Die wichtigsten magischen Kräuter sind:

ALRAUNE

Sie ist heute als das magische Kraut schlechthin bekannt. Ein Grund dafür ist sicherlich die Harry-Potter-Reihe, in der die Pflanze oftmals vorkommt. Man verwendet die Pflanze jedoch tatsächlich schon sehr lange in der Magie, doch aufgepasst: Die Wurzel der Alraune ist extrem giftig und war damals ein wichtiger Bestandteil der sogenannten Flugsalben, die Hexen in eine Art Trance gebracht haben, in welcher sie Botschaften bekommen und Visionen erleben durften. Heute wirst Du nicht mehr viel mit der Alraune anfangen können...

SCHWARZES BILSENKRAUT

Dabei handelt es sich ebenfalls um eine giftige Pflanze, die einjährig ist. Ihre Blüten sind wunderschön gesprenkelt. Im Mittelalter hat man das Kraut angeblich ins Bier gemischt. Heute findet das Bilsenkraut jedoch ebenfalls kaum noch Verwendung.

MUSKATELLERSALBEI

Dieser Salbei besitzt ein sehr aromatisches Öl, das auch heute noch in der Küche seine Verwendung findet. Früher verabreichte man das Öl als Liebestrank, denn es besitzt eine aphrodisierende Wirkung.

DAMIANA

Ursprünglich stammt die Pflanze aus Mittel- und Südamerika. Heutzutage wird sie jedoch auch bei uns angebaut und geschätzt. Auch Damiana hat eine aphrodisierende Wirkung und wird gerne in getrockneter Form als Tee getrunken.

BASILIKUM

In der Magie findet Basilikum ebenfalls eine Verwendung, denn es hat eine reinigende Wirkung und schützt. Wenn Du einen Basilikumtopf auf Dein Fensterbrett stellst, kannst Du das Haus vor negativen Energien und Einflüssen schützen. Das Kraut wird gerne bei Schutzräucherungen und Liebeszaubern geräuchert und ist dem Element des Feuers zugeteilt.

LAVENDEL

Bereits seit Jahrhunderten gilt der Lavendel als Zauberpflanze. In der Volksmedizin wird er ebenso lange zur Heilung verwendet. Räucherungen mit Lavendel können den Geist entspannen und unsere Nerven beruhigen. Darüber hinaus kann Lavendel böse Geister vertreiben. Wenn Du ein Duftsäckchen mit Lavendel füllst, sorgst Du nicht nur für einen guten Duft im Haus, sondern hältst Dir auch schlechte Geister fern.

SALBEI

Salbei fördert unser Wissen, die Weisheit und die Langlebigkeit. Außerdem wird er gerne in Wunschzauber und Heilzauber verwendet sowie in der Schutzmagie. Vor allem für Rituale, in denen wir etwas schützen wollen, wird Salbei gerne geräuchert. Darüber hinaus kann der angenehme Duft negative Energien und Geister fernhalten. Salbei schützt zudem vor dem bösen Blick und vor magischen Angriffen.

ROSMARIN

Rosmarin (oder der Rosmarin-Strauch) gilt seit Jahrhunderten als das Zuhause von Elfen und Feen. Heute verwenden wir ihn gerne für Räucherungen, die Naturgeister anrufen sollen. Rosmarin schenkt Klarheit, Kraft und vertreibt negative Wesen. Das Zuhause kann mit Rosmarin von negativen Energien gereinigt werden. Ebenso gerne verwenden wir das Kraut bei Liebeszaubern.

PETERSILIE

Die Petersilie ist ebenfalls eine magische Pflanze. Zauber mit Petersilie können schwere Schäden hervorrufen, weshalb wir das Kraut nicht in positive Rituale einbinden sollen. Petersilie eignet sich jedoch zur Vertreibung von bösen Geistern. So kann das Kraut geräuchert werden oder am Hauseingang und Fenstern platziert werden.

ANGELIKA

Angelika gehört zu den magischen Pflanzen, die auch ein echtes Schutzkraut sind. Für das Räuchern verwenden wir stets die getrockneten Wurzeln der Pflanze, die gerieben werden. Die Angelikawurzel bietet einen guten Schutz vor "schwarzer Magie" und wird seit Jahrhunderten gegen böse Geister und zu deren Austreibung verwendet. Außerdem stärkt sie das Selbstvertrauen. Durch sie werden auch wir zu unseren Wurzeln zurückgeführt.

BALDRIAN

Bei dieser Pflanze handelt es sich um eine Heil- und Ritualpflanze, die eine beruhigende Wirkung verspricht. Auch Baldrian kann negative Energien und das Böse vertreiben. Wenn wir getrockneten Baldrian in unserem Schlafzimmer haben, können wir uns auf einen guten Schlaf freuen.

BRENNNESSEL

Die Blätter der Brennnessel werden zum Räuchern verwendet. Diese Räucherungen wirken reinigend und können negative Energien vertreiben. Wenn wir Bündeln von Brennnesseln an unseren Fenstern und Türen anbringen, wird nach alter Legende, dem Bösen der Zutritt verwehrt oder erschwert.

FRAUENMANTEL

Frauenmantel ist, wie der Name schon sagt, speziell für die Frau geeignet. Räucherungen mit Frauenmantel sorgen für Fruchtbarkeit. Ein Tee aus Frauenmantel kann bei Menstruationsbeschwerden helfen. Der Rauch der Pflanze kann mild und sanftmütig stimmen und schenkt Trost in schweren Stunden. Wenn wir einen Bund von Frauenmantel am Haus befestigen, können wir außerdem einen magischen Schutz vor Blitzschlag genießen.

DILL

In der Magie verwenden wir Dill für Liebesräucherungen und für Schutzzauber. Dill kann dabei helfen, Entscheidungen zu treffen sowie Blockaden zu lösen. Selbst Dämonen soll Dill vertreiben können.

DAS HEXENKRAUT (CIRCAEA)

Dieses besondere Kraut wurde nach der griechischen Göttin Circe benannt. Die Göttin soll mächtige Zauberkräfte gehabt haben. Auch dieses Kraut kann Unheil abwenden, wenn wir es vor unsere Fenster und Türen hängen.

HOLUNDER

Wenn wir traurig oder deprimiert sind, sollten wir uns Holunder ins Haus holen, denn das Kraut bietet eine stimmungsaufhellende Wirkung. Holunder wurde in der Vergangenheit Mädchen geschenkt, nachdem sie ihre erste Menstruation bekamen. Damit wollte man zeigen, dass auch sie nun erblüht sind. Der Legende nach, wohnen im Holunderbusch die guten Geister. Wenn wir die Pflanze räuchern, können wir für Ausgeglichenheit und Ruhe sorge. Sie fördert unsere Toleranz und Harmonie, hilft gegen Depressionen und wirkt gegen Trauer.

MELISSE

Räucherungen mit Melisse wirken antidepressiv und können sogar tröstend sein. Gerne wird Melisse bei Liebeskummer eingesetzt. Melisse sorgt für einen klaren Kopf und zaubert uns wieder ein Lächeln auf die Lippen.

MAJORAN

Majoran steht für Sicherheit, Schutz, Glück und Gesundheit. Wenn wir Majoran in Rituale einbeziehen, fördern wir die Verbundenheit zur Erde und können uns besser entspannen. Wir können wieder positiver in die Zukunft blicken und sind voller Lebensmut.

WACHOLDER

Auch Wacholder ist eine magische Pflanze, die schon sehr lange als Zaubermittel eingesetzt wird. Wacholder hat eine reinigende Wirkung unseren Körper, den Geist und die Seele stärken. Außerdem vertreibt Wacholder negative Gedanken und kann das spirituelle Wachstum fördern. Wenn wir Wacholder in unserem Haus aufhängen, kann die Pflanze die Liebe anziehen. Wacholder schützt zudem vor negativer Magie und wirkt gegen böse Geister und Dämonen.

SCHAFGARBE

Schafgarbe eignet sich für Geistervertreibungen, denn als Räucherwerk soll es böse Mächte vertreiben. Doch Schafgarbe ist auch bei schlechten Träumen eine gute Wahl, denn die Pflanze soll Albträume vertreiben können.

THYMIAN

Eine Thymian-Räucherung kann magische Fähigkeiten stärken. Zudem gilt Thymian auch als Aphrodisiakum. Gönne Dir also ein Bad mit ein wenig Thymian, wenn Du die Liebe neu erwecken willst.

REZEPTE FÜR DEN MAGEN

Räucherungen mit Melisse wirken antidepressiv und können sogar tröstend sein. Gerne wird Melisse bei Liebeskummer eingesetzt. Melisse sorgt für einen klaren Kopf und zaubert uns wieder ein Lächeln auf die Lippen.

UM NEGATIVE ENERGIEN ABZUWEHREN

Wenn Du negative Energien abwehren und gleichzeitig einen köstlichen Salat genießen willst, setze auf dieses Rezept.

Zutaten:

- 1 Tasse Löwenzahnblätter
- 3 Kartoffeln
- 1 hart gekochtes Ei
- Salz, Pfeffer,
- Apfelessig
- Olivenöl
- frischer Rosmarin

Zubereitung:

1. Wasche die Löwenzahnblätter, koche die Kartoffeln und schäle diese anschließend. Scheide sie in mundgerechte Stücke und vermische sie mit den Löwenzahnblättern.
2. Auch das hart gekochte Ei schneidest Du nun in kleine Stücke und mischt diese dazu.
3. Würze mit Salz und Pfeffer und mische ein wenig Olivenöl und Apfelessig nach Geschmack dazu.

BITTERSAFT UM DAS IMMUNSYSTEM ZU STÄRKEN

Dieser Bittersaft kann Dir dabei helfen, Dein Immunsystem zu stärken. Nimm in der kalten Jahreszeit täglich einen Teelöffel zu Dir.

Zutaten:

- 6 Deziliter Weißwein
- 25 ml Wermutsaft
- 75 Gramm Honig (flüssig)

Zubereitung:

1. Koche den Wein in einer Pfanne auf und füge den Honig dazu, bis er sich komplett aufgelöst hat. Danach gibst Du den Wermutsaft hinzu und füllst die fertige Mischung in dunkle, sterilisierte Fläschchen ab.
2. Nach dem Öffnen solltest Du die Flaschen im Kühlschrank aufbewahren.

BRENNNESSELSALAT

Der Salat ist gesund und reinigend für Körper, Geist und Seele.

Zutaten:

- 500 Gramm Brennnessel
- 1 Zitrone
- 2 TL Apfelessig
- 2 Knoblauchzehen (gepresst)
- 1 weiße Zwiebel
- Olivenöl
- Salz, Pfeffer

Zubereitung:

1. Wasche die Brennnesseln und lass sie gut abtropfen. Zupfe sie danach in kleine Stücke. Schneide den Zwiebel in feine Stücke und vermische ihn mit den Brennnesseln.
2. Presse die Zitrone aus und verrühre den Saft mit dem Apfelessig, Knoblauch und etwas Olivenöl. Würze die Marinade mit Salz und Pfeffer nach Geschmack und gieße sie über die Brennnesseln.
3. Mische vorsichtig durch und lass den Salat noch rund fünf Minuten rasten, bevor Du ihn genießt. Wenn Du willst, kannst Du ihn auch noch mit frischen Löwenzahnblättern und Gänseblümchen verfeinern.

BRENNNESSELSALAT

Diese Suppe ist ein altes Rezept, das nahrhaft ist und reinigend wirkt.

Zutaten:

- 4 Tassen Brennnessel
- 700 ml Gemüsebrühe

- 350 ml Milch
- 2 ½ EL Butter
- 3 EL Mehl
- 1 weiße Zwiebel
- etwas saure Sahne
- frische Petersilie
- Salz, Pfeffer

Zubereitung:

1. Wasche die Brennnessel gut und lass sie abtropfen. Erhitze die Butter und gieße sie über die Brennnesseln. Füge die Gemüsebrühe dazu und lasse alles aufkochen. Nach 10 Minuten seihst Du die Brühe wieder ab und passierst die Brennnesseln fein.
2. Schäle die Zwiebel und wasche die Petersilie. Schneide nun die Zwiebel in kleine Stücke und lass ihn mit ein wenig Butter goldgelb anbraten. Hacke die Petersilie fein und füge sie zusammen mit dem Mehl hinzu.
3. Wenn das Mehl und die Butter beginnen, kleine Brocken zu bilden, gieße alles mit der kalten Milch auf und rühre die Masse glatt.
4. Füge den fertigen Brennnessel-Sud hinzu und lasse alles nochmal für 20 Minuten kochen. Schmecke mit Salz und Pfeffer ab und genieße die Suppe mit einem Esslöffel saurer Sahne.

LIMONADE DER FEEN

Diese Limonade ist den Feen gewidmet und ideal für den Frühling oder Sommer.

Zutaten:

- 1 Tasse Holunderblüten
- frische Minze
- ein Spritzer Zitronensaft
- flüssiger Honig

Zubereitung:

1. Wasche die Holunderblüten und die Minze und gib beides in eine große Kanne. Gieße alles mit zwei Liter Wasser auf und lass die Mischung über Nacht im Kühlschrank stehen.
2. Am Morgen siehst Du alles durch ein Baumwolltuch und gibst ein paar Spritzer Zitronensaft hinzu.
3. Süße die Limonade nach Belieben mit flüssigem Honig.

Muffins für das Glück

Diese köstlichen Muffins sollen Dir Glück bringen.

Zutaten für rund 25 Stück:

- 300 Gramm Mehl
- 150 Gramm Zucker
- 3 Eier
- 1 TL Backpulver oder Natron
- 200 Gramm Butter
- eine Prise Salz
- etwas Muskat und Zimt

Zubereitung:

1. Mische das Mehl mit dem Backpulver zusammen und füge eine Prise Salz, Zimt und Muskat hinzu. Lass die Butter erwärmen und füge sie nun mit dem Zucker und den Eiern dazu.
2. Schlage alles mit dem Mixer oder der Hand cremig und fülle die fertige Teig-Mischung in kleine Muffin-Förmchen.
3. Backe die Muffins bei 200 Grad für etwa 20 Minuten.

NACHTSCHATTEN-COCKTAIL

Dieser Cocktail ist ideal, wenn Du mal wieder nicht schlafen kannst und nach einer Kleinigkeit in der Nacht suchst.

Zutaten:

- 6 Tomaten
- ½ Liter Milch
- 3 Basilikumblätter
- Salz, Pfeffer

Zubereitung:

1. Mixe alles in einem Mixer zusammen und genieße das nahrhafte Getränk auch gerne mit ein paar Eiswürfeln.

RITUELLE ÖLMISCHUNGEN

Nutze diese Mischungen, um Deine Kerzen damit zu salben oder füge ein paar Tropfen dem Badewasser hinzu. Die Zutaten werden stets zu 30 ml Mandel- oder Jojobaöl hinzugefügt, welches als sogenanntes Trägeröl wirkt.

Schutzmischung

- 5 Tropfen ätherisches Basilikumöl
- 5 Tropfen ätherisches Geraniumöl
- 5 Tropfen ätherisches Lavendelöl
- 5 Tropfen ätherisches Weihrauchöl

Verführungsöl

- 3 Tropfen ätherisches Öl der Bergamotte
- 5 Tropfen ätherisches Rosenöl
- eine Prise geriebene Muskatnuss
- 5 Tropfen Moschusöl

Freundschaftsöl

- 7 Tropfen ätherisches Rosenöl
- 5 Tropfen ätherisches Lavendelöl
- 3 Tropfen ätherisches Lavendelöl
- 5 Tropfen ätherisches Orangenöl
- eine Prise zermahlener Rosenblüten

Liebesöl

- 1 TL gemahlene Rosenblüten
- 10 Tropfen ätherisches Rosenöl
- 5 Tropfen ätherisches Lavendelöl
- 10 Tropfen ätherisches Thymianöl

Traumöl

- 10 Tropfen ätherisches Lavendelöl
- 10 Tropfen ätherisches Kamillenöl
- 10 Tropfen ätherisches Sandelholzöl
- 10 Tropfen ätherisches Ylang Ylang-Öl

Öl für Visionen

5 Tropfen ätherisches Ylang Ylang-Öl
5 Tropfen ätherisches Sandelholzöl
5 Tropfen ätherisches Geraniumöl
5 Tropfen ätherisches Lavendelöl

13

RÄUCHERKUNDE

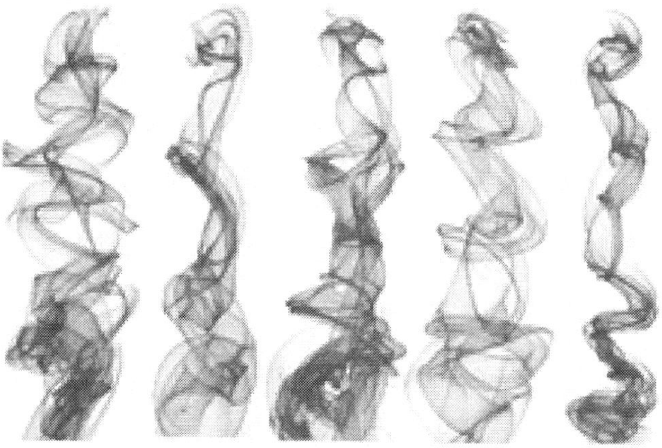

Seit Jahrtausenden greift man auf das Räuchern zurück, um negative Energien und Geister zu vertreiben. Heute handelt es sich um ein Stück Brauchtum, das in manchen Regionen noch bewusst gelebt wird. Vor allem um die Weihnachtszeit kennen wir es alle: Die sanften und dennoch würzigen Düfte, die uns sofort an unsere Kindheit erinnern. Doch Räuchern kann auch außerhalb der kalten Jahreszeit eine Unterstützung für unsere magischen Arbeiten darstellen.

DAS RÄUCHERN

Räuchern geht auf eine sehr lange und alte Tradition zurück, die fast alle Kulturen unserer Erde kennen. Früher war das Räuchern tatsächlich ein fester Bestandteil im Alltag der Menschen, heute räuchern viele nur mehr an Weihnachten. Das Räuchern diente stets rituellen Handlungen. Vor allem Weihrauch wurde geräuchert, denn dieser diente als Opfergabe für Götter und Wesenheiten. Manchmal bat man um etwas, manchmal wollte man die Götter auch nur besänftigen. Auch heute noch, sind Räucherungen eine ideale Unterstützung für Gebete, Rituale, Zauber und Meditationen sowie eine heilende Unterstützung.

Vorgefertigtes Räucherwerk, das es im Handel zu kaufen gibt, solltest Du nur im Notfall verwenden, wenn Du dringend etwas für ein Ritual oder einen Zauber benötigst. Diese Produkte haben meist nicht die ausreichend Energie und sind in ihrer Wirkung daher nicht so stark.
Für das Räuchern brauchst Du neben dem Räucherwerk natürlich auch ein paar Utensilien. Damit Du überhaupt räuchern kannst, benötigst Du eine Quelle, die Hitze spendet und das passende Gefäß. Achte darauf, dass dieses Gefäß auch wirklich hitzebeständig ist.

Es gibt unterschiedliche Methoden der Räucherung. Besonders weit verbreitet ist die traditionelle Methode, bei der Du die Räuchermischung auf eine glühende Kohle legst. Für Harze und Hölzer ist diese Variante sehr gut geeignet. Wenn Du jedoch Kräuter räuchern möchtest, wird der Prozess der Verbrennung zu schnell eintreten. Die ätherischen Öle werden kaum freigesetzt oder es riecht ganz einfach nach Verbranntem. Zudem entsteht dabei viel Rauch, was auch sehr unangenehm sein kann. Aus diesem Grund kannst Du Dich bei Kräutern und Blütenblättern für ein feinmaschiges Sieb entscheiden, welches über einer brennenden Kerze angebracht wird. Auf das Sieb legst Du nun das Räucherwerk, das Du räuchern willst. Die Hitze wird in diesem Fall nicht so groß sein und die Kräuter verbrennen deutlich langsamer.

Sei stets vorsichtig, wenn Du räucherst, denn dabei kommt es zu einer starken Hitzeentwicklung und damit auch automatisch zu einer erhöhten Brandgefahr. Du kannst schnell Verbrennungen erleiden und solltest die Räucherung natürlich zudem niemals unbeaufsichtigt lassen. Außerdem solltest Du die Utensilien vor Kindern und natürlich auch vor Deinen Haustieren fernhalten.

Was benötigst Du alles zum Räuchern?

Zuerst benötigst Du natürlich das passende Gefäß für Deine Räucherungen. Entscheide Dich daher für ein feuerfestes Gefäß, das auch eine sehr starke Hitzeentwicklung aushalten kann und dabei nicht selbst zu brennen beginnt oder gar zerplatzt.

Zu klein sollte das Gefäß übrigens auch nicht sein. Viele entscheiden sich für eine Schale aus Keramik. Metallgefäße solltest Du nicht unbedingt verwenden, denn die Hitze wird durch diese viel schneller und stärker geleitet und es entsteht eine höhere Brandgefahr. Aufpassen solltest Du außerdem auf den Untergrund. Stelle das Gefäß in keinem Fall auf einen Untergrund, der leicht zu brennen beginnen kann oder hitzeempfindlich ist. Das kann aus eigener Erfahrung sehr böse enden...
Sobald die Kohle zu brennen beginnt, solltest Du das Gefäß in keinem Fall mehr anfassen. Auch nachdem Du mit dem Räuchern fertig bist, musst Du noch rund eine Stunde warten, bis Du das Gefäß anfassen kannst, ohne Dich dabei zu verbrennen.

Es gibt übrigens auch spezielle Unterlagen zu kaufen, die Feuerfest sind. Diese sind besonders isolierend und daher eine gute Idee! Natürlich eignen sich auch alte Fliesen aus Keramik, ein Holzbrett oder Blumenteller aus Terrakotta hervorragend als Unterlage für das Räuchergefäß.

Ebenfalls benötigst Du Sand, den Du in das Räuchergefäß gibst. Sand kann die Hitzeentwicklung vermindern und ist brandsicher. Ideal wäre Meeressand oder spezieller Räuchersand, den es zu kaufen gibt. Streue den Sand etwa zwei bis drei Zentimeter dick auf den Boden des Gefäßes aus. Darauf platzierst Du die Räucherkohle (oder die Kerze und das Sieb) und kannst schon mit der Räucherung beginnen.

Die Räucherkohle bekommst Du ebenfalls fertig in verschiedenen Größen zu kaufen. Man spricht auch gerne von Kohletabletten. Du entzündest diese ganz einfach mit einem Feuerzeug oder mit einem Streichholz. Anschließend glüht die Kohle praktisch alleine durch. Du merkst dies daran, dass es ein paar Funken gibt, die sich durch die ganze Kohle durcharbeiten. Wenn dieser Vorgang abgeschlossen ist, kannst Du Dein Räucherwerk auf die Kohle legen. Die Kohle glüht nun und das Räucherwerk verbrennt langsam...

Auch ein Mörser kann übrigens ein praktisches Hilfsmittel für Deine Räucherungen sein. Mit seiner Hilfe kannst Du das Räucherwerk einfach pulverisieren oder auch nur zerkleinern.

Schlussendlich benötigst Du selbstverständlich auch noch das Räucherwerk selbst. Dabei gibt es unterschiedliche Harze, Hölzer, Kräuter usw. für die Du Dich entscheiden kannst. Besonders beliebt sind Zedern- und Sandelholz, Salbei, Rose, Weihrauch Myrrhe oder Drachenblut. Auch manche Wurzeln kannst Du räuchern. Rezepte für Räuchermischungen gibt es wie Sand am Meer. Natürlich kannst Du auch Deine eigenen Mischungen kreieren.

Das Räucherwerk und seine Bedeutung

Wenn wir unterschiedliche Kräuter, Harze und Hölzer räuchern, können wir auch verschiedene Dinge erreichen. Wir lassen uns von dem einzigartigen Duft des Räucherwerks verführen und können uns entspannen und erholen. Wenn Du einen bestimmten Duft nicht riechen kannst, dann hat dies einen Grund. Vielleicht ist das Räucherwerk in diesem Moment einfach nicht die richtige Wahl für Dich. Generell können unterschiedliche Kräuter, Hölzer und Harze auch verschiedene Gefühle und Emotionen beeinflussen und werden für verschiedene Zwecke verwendet.

Weihrauch

Weihrauch hat einen harzigen Duft, der gerne für Segnungen verwendet wird. Der Duft ist würzig und dennoch sehr angenehm und erinnert uns stets an eine alte Kirche. Mit seiner Hilfe können wir schneller unseren Geist öffnen und Kontakt zu anderen Ebenen bekommen. Weihrauch ist reinigend, schützend und weckt unsere Spiritualität.

Sandarak

Dieses Harz hat einen herben Duft, der uns beruht und Trost spenden kann. Sandarak kann uns bei geistiger und körperlicher Regeneration schützen, schenkt uns Ruhe und ist ideal für die Trauerarbeit.

BENZOE

Der würzig-süße Duft von Benzoe fördert unsere Klarheit und sorgt für Erfolg. Benzoe schenkt uns Weisheit, fördert die Intuition und den Wohlstand. Bestens geeignet ist das Harz für Rituale, in denen es um den beruflichen Erfolg geht.

TOLUBALSAM

Dieses Harz bietet einen balsamischen und besonders warmen Duft, der uns sofort entspannt und zur Ruhe kommen lässt. Das Harz ist einfach ideal bei Meditationen und fördert die Entspannung sowie die Fantasie.

COPAL

Wenn es um Rituale geht, die zur Wunscherfüllung dienen, ist Copal ebenso geeignet, wie für alle Segnungen und Gebete. Copal hat einen warmen, leichten Duft und verbindet uns mit unserer Spiritualität und dem höheren Sein.

DRACHENBLUT

Drachenblut stärkt unsere Willenskraft und wird gerne bei reinigenden sowie austreibenden Ritualen verwendet. Wenn wir einen Zauber verstärken wollen, sollten wir Drachenblut hinzufügen.

DAMMAR

Dieses wundervolle Harz hat einen frischen, zitronigen Duft und kann unsere Stimmung sofort heben. Es befreit uns von negativen Gedanken und wirkt reinigend. Außerdem fördert es die Konzentrationsfähigkeit. Dammar schenkt uns Mut, Optimismus und Vitalität.

MYRRHE

Myrrhe hat einen erdigen und besonders dunklen Duft und regt all unsere Sinne an. Das Aroma ist bitter und süß zugleich und wirkt entspannend und beruhigend. Myrrhe ist ideal für Reinigungsrituale.

STYRAX

Das Harz sorgt für Harmonie und Sinnlichkeit. Gerne wird Styrax bei Liebesritualen geräuchert. Es hat einen exotischen, süßen Duft, der an Vanille erinnert und als besonders angenehm empfunden wird.

MASTIX

Mastix hat eine reinigende und klärende Wirkung und kann dafür sorgen, dass wir ausgeglichener werden. Gerne wird es bei Melancholie und Depressionen verwendet. Darüber hinaus unterstützt es unsere Intuition und öffnet unsere Seele für Visionen. Wenn wir Mastix in purer Form räuchern, kann es sogar Ungeziefer und Insekten erfolgreich vertreiben.

ELEMI

Elemi riecht zitronig bis fenchelartig und kann sogar an Weihrauch erinnern. Das Harz kann unsere Chakren aktivieren und die Hellsichtigkeit fördern. Oft wird es in indischen Räuchermischungen verwendet.

TONKABOHNE

Die beliebte Tonkabohne erinnert ein wenig an Vanille. Sie wirkt stimmungsaufhellend, ausgleichend und erwärmend sowie harmonisierend und kann das Wohlbefinden und die gute Laune fördern.

MOSCHUS

Getrockneter Moschus verbreitet beim Verbrennen einen süßlichen Duft, der betörend wirkt. Moschus ist angenehm, warm und dennoch lebendig und wird gerne bei Liebesritualen und Segnungen verwendet.

ROSENBLÜTEN

Die Blüten der Rose stehen traditionell immer in Verbindung mit der Liebe. Kein Wunder also, dass sie vor allem bei Liebesritualen geräuchert werden.

LAVENDEL

Lavendel wirkt entspannend und kann die Konzentration fördern. Der Rauch wirkt stets ausgleichend auf Körper, Geist und Seele und hat eine desinfizierende Wirkung. Bei Reinigungsritualen wird Lavendel daher gerne verwendet.

LABDANUM

Das Harz der Zistrose fördert unsere Sinnlichkeit, denn es wirkt aphrodisierend und wird daher sehr gerne in Liebeszaubern verwendet. Labdanum ist warm, erotisch und erdig zugleich. Gerne wird das Harz in Räucherungen für den Abend hinzugefügt.

PALO SANTO

Das heilige Holz wird seit Jahrhunderten für seine heilenden Kräfte genutzt und geliebt. Das Aroma soll negative Energie in positive Schwingungen verwandeln und gilt daher als stimmungsaufhellend. Gerne wird Palo Santo für Segnungen, Reinigungen und zum Schutz geräuchert.

REZEPTE FÜR RÄUCHERUNGEN

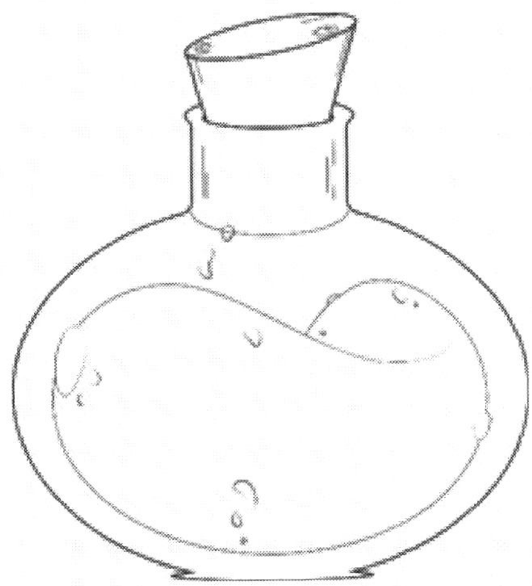

ABENDGRUSS

Zutaten:

- 5 Teile Sandark
- 2 Teile Tolubalsam
- 1 Teil Sandelholz
- 1 Teil Moschus

Diese Räuchermischung wirkt beruhigend und kann der perfekte Abschluss für einen langen Tag sein.

LIEBE

Zutaten:

- 3 Teile Copal
- 2 Teile Rosenblüten
- 2 Teile Labdanum
- 1 Teil Lavendel
- 1 Teil Mastix
- 1 Teil Sandelholz (rot)
- ½ Teil Tonkabohnen
- ½ Teil Palo Santo

Die Mischung soll das Vertrauen in den Partner unterstützen und die Liebe zu sich selbst fördern.

INNERE RUHE

Zutaten:

- 2 Teile Weihrauch
- 2 Teile Labdanum
- 1 Teil Damar
- 1 Teil Moschus

Diese Mischung fördert die innere Ruhe und kann uns bei allen spirituellen Arbeiten unterstützen. Negative Gedanken und Schwingungen werden durch sie entfernt. Wenn Du nach einer Mischung für die Meditation suchst, ist diese eine gute Wahl.

ERDUNG

Zutaten:

- 2 Teile Elemi
- 1 Teil weißes Sandelholz
- ½ Teil Copal

Als Räucherung am Morgen ist diese Mischung unschlagbar. Sie schenkt Lebensmut und lässt den Tag mit Freuden beginnen.

INNERE RUHE

Zutaten:

- 3 Teile Weihrauch
- 2 Teile Copal
- 1 Teile Salbei
- 1 Teile Wacholder
- 1 Teil Drachenblut

Diese Räuchermischung befreit uns von negativen Gedanken und wirkt reinigend. Verwende sie bei Ritualen oder wenn Du Dich von negativen Personen, Gedanken, Mustern oder Denkweisen abgrenzen willst.

14

MAGISCHE SYMBOLE

Magische Symbole gibt es wie Sand am Meer. Selbst in der Natur kommen sie immer wieder vor. Alle aufzulisten wäre praktisch unmöglich, weshalb hier nur die wichtigsten und bekanntesten Symbole beschrieben werden, die besonders gängig sind und in zahlreichen magischen Ritualen ihre Verwendung finden:

DAS PENTAGRAMM

Im Volksmund nennt man es auch Fünfstern oder Drudenfuß. Gerne wird es auch als Hexenstern bezeichnet. Dabei handelt es sich um eines der wohl bekanntesten, mächtigsten und beliebtesten Symbole in der Magie, das wir kennen. Darüber hinaus ist es auch eines der ältesten Zeichen.

Das Pentagramm steht für die Magie und ihre Energie und gilt als mächtiges Schutzsymbol. Es verkörpert die vier Elemente sowie das fünfte Element, den Geist oder Äther. Es soll die Harmonie zwischen den Elementen verkörpern und somit das Gleichgewicht aller Dinge symbolisieren.

Wenn das Symbol mit der Spitze nach oben gezeichnet wird, so zeigt es den spirituellen Willen. Die Seele oder der Geist herrscht über alle Materie, also über Deinen Körper. Wenn es mit seiner Spitze nach unten gezeichnet wird, so soll es die schwarze Magie symbolisieren. Hier herrscht der Körper über dem Geist.

DAS TRIQUETRA

Dieses alte Symbol steht für die Trinität und symbolisiert den Kreislauf des Lebens. Es zeigt das Leben, den Tod und die Wiedergeburt, wie sie auch in der Natur vorkommt. Zudem zeigt sie die Erde, die Luft und das Wasser und soll die Dreifaltigkeit darstellen.

Das Ägyptische Ankh

Das Ankh ist ein altes ägyptisches Symbol, das den Ursprung allen Lebens darstellen soll. Das Zeichen wird auch als Lebensschleife bezeichnet. Es ist ein Schutzsymbol und soll Kraft spenden und Unsterblichkeit garantieren.

Das Auge des Horus

Auch dieses Symbol stammt aus dem Alten Ägypten. Das Symbol gilt als das heilende Auge und wird den Formen unserer Wahrnehmungen zugeordnet. So steht es für den Geruch, das Gesicht, unsere Gedanken, das Gehör, den Geschmack und das Gefühl.

Auf der feinstofflicher Ebene wird das Horusauge dem sechsten Chakra zugeteilt. Dabei handelt es sich um das dritte Auge. Gerne wird das Symbol daher in Verbindung mit Visionen und Wahrträumen gebracht.

Die Lotusblume

Der Buddhismus glaubt, dass Buddha einst auf einer Lotosblüte zur Welt kam. Aus diesem Grund gilt sie im Buddhismus als die Blume des Lebens. Sie soll die Unschuld und Reinheit sowie die Vollkommenheit symbolisieren und steht für die uneingeschränkte Liebe und Erleuchtung.

DIE BLUME DES LEBENS

Die Lebensblume gilt als Grundlage der Existenz und steht für die Harmonie und Vollkommenheit, die Unendlichkeit und die perfekte Ordnung. Es geht also um die göttliche Ordnung. Sie soll Blockaden lösen und steht für den Schutz. Wer sie bei sich trägt, kann seine Lebensenergien wieder besser fließen lassen.

DER BAUM DES LEBENS

Dieses Zeichen verkörpert die kosmische Ordnung. Der Lebensbaum soll zwischen dem Himmel, der Mittelwelt sowie der Unterwelt vermitteln. Der Himmel wird von der Krone des sogenannten Weltenbaums geschützt und steht für die Seele und unsere Verbindung zur Erde.

BLUT

Zwar ist das Blut kein magisches Symbol, doch wird es dennoch immer wieder in der Magie verwendet. Selbst in Legenden und Filmen kommt es gerne vor. Die dunkelrote Flüssigkeit wird schon immer als Lebenssaft angesehen.

Blut ist der Ursprung von allem Sein und steht für die Transformation bzw. den Übergang zu spirituellen Ebenen. Nicht umsonst wird dem Menstruationsblut von Frauen schon seit jeher eine sehr große Bedeutung zugeteilt.

In der Magie verwenden wir Blut gerne bei Ritualen, in denen es um Transformation geht. Doch auch dann, wenn es um unsere Ahnen geht oder wir eine verwandte Seele finden wollen, setzen wir auf das Blut. Wenn Du bei Deinen Räucherungen drei Tropfen Deines Blutes hinzufügst, kannst Du diese intensiver werden lassen.

Natürlich verwenden wir das Blut auch als Opfergabe in bestimmten Ritualen. Als symbolischer Ersatz für das Blut wird übrigens auch Asche verwendet, denn auch diese soll an die Transformation erinnern.

Magische Symbole sollen uns in unseren Ritualen und Beschwörungen unterstützen und können auch um den Hals als Schutzsymbol getragen werden.

15

TRAUMWELTEN

Was ist real? Ist es unsere Wirklichkeit oder doch die Welt unserer Träume? Darüber streiten sich sogar so manche Wissenschaftler. Tatsache ist, dass wir wohl unterschiedliche Ebenen des Bewusstseins kennen. Die Traumebene ist eine dieser Ebenen, die wir alle kennen, denn jeder von uns träumt. Viele erinnern sich am Morgen nach dem Erwachen nicht mehr daran, doch in der Nacht durchleben wir so manche Dinge, die wir uns im wachen Zustand oft gar nicht vorstellen können...

Was sind Träume?

Träume gehören zu unserem Leben dazu. Wir alle haben sie, doch nicht immer erinnern wir uns an das, was wir in der Nacht so durchleben. Manchmal sind unsere Träume wunderschön und wir wollen gar nicht mehr aufwachen, und manchmal sind es Alpträume, aus denen wir schweißgebadet wieder erwachen.

Träume zeigen uns in jedem Fall eine andere Realität und lassen und das Erlebte des Tages verarbeiten. Manchmal beschäftigen wir uns mit Sorgen und Ängsten, Wünschen und Hoffnungen nur in unseren Träumen und verdrängen sie aus der Realität. Einige Menschen nutzen Träume, um ihre Zukunft zu deuten, kleine Botschaften zu erfahren oder um mehr über sich herauszufinden. Die Traumdeutung ist nicht umsonst ein besonders spannendes Gebiet, mit dem sich viele Menschen beschäftigen.

Ein wichtiger Bereich ist das Luzide Träumen, in dem wir wissen, dass wir träumen. Wir erleben die sogenannten Klarträume, die wir beeinflussen und lenken können. Durch sie können wir nicht nur speziell Erlebnisse verarbeiten, sondern uns auch erholen und Dinge besser verstehen. Manchmal erhalten wir sogar Zeichen und Botschaften.

Traumtee für luzide Träume

Dieser Tee hilft Dir dabei, luzide träumen zu können. Trinke ihn etwa eine Stunde vor dem Schlafengehen:

Zutaten:

- 2 Teile Beifuß
- 1 Teil Lavendel
- 1 Teil Hopfen
- 1 Teil Kamille

Gieße die Kräuter mit heißem Wasser auf und lass sie zugedeckt 10 Minuten ziehen.

Wenn Du luzide träumen willst, solltest Du es Dir vor dem Schlafengehen vornehmen. Stell Dir vor, dass Du heute in Deine Träume eingreifen wirst und lass Dich überraschen, was passieren wird...

DER ASTRALKÖRPER

Der Astralkörper ist unser feinstofflicher Körper, der unsere Seele einhüllen soll. Er durchdringt die menschliche Form und bringt unsere Seele in den Körper, wenn man so will. Nach dem Tod soll der Astralkörper nicht ins Licht kommen, sondern in den Astralebenen bleiben.

Astralreisen sind außerkörperliche Erfahrungen, die manche Menschen während ihrer Träume erleben. Man sagt, dass die göttlichen Ebenen aus Lichtschwingungen bestehen. Ihre Basis ist Klarheit und uneingeschränkte Liebe. Es gibt Transparenz in jedem Bereich.

Bei den Astralebenen handelt es sich um Bereiche, die das Licht durch Schatten verhüllen. Sie zeigen also die Realität nicht. Viele Menschen sind der Meinung, dass sich in dieser Ebene viele Wesenheiten, verstorbene Seelen und Dämonen aufhalten. Wir alle kennen die Wahrheit (noch) nicht. Tatsache ist jedoch, dass sich viele Menschen in diesen Ebenen wohlfühlen und auf eine Art Entdeckungsreise gehen. Sie erhalten Botschaften und können die Welt mit anderen Augen sehen. Diese anderen Welten können wir unter anderem durch Astralreisen erreichen.

ASTRALREISEN

Astralreisen sind ein bekanntes Phänomen, bei welchem unser Bewusstsein den biologischen Körper auf Zeit verlässt. Die meisten Menschen machen in diesem Zustand spirituelle Erfahrungen und können sich selbst von außen betrachten. In diesem Zustand ist man schwerelos und physikalische Gesetze sind ohne Bedeutung. Auch andere Welten können mit dem Astralkörper erkundet werden. Die meisten Menschen können mit ihrem Astralkörper fliegen und Mauern durchdringen. Oft sind diese Erfahrungen intensiv und sehr prägend. Viele verlieren dadurch die Angst vor dem Tod, denn sie erleben, dass ihr Geist auch ohne den Körper existiert.

Bei vielen Menschen findet die Astralreise spontan statt. Man kann sie jedoch auch erlernen. Jeder Mensch beherrscht diese Fähigkeit, denn Astralreisen sind natürlich. Es geht dabei vor allem um eine ganz bewusste Wahrnehmung und das Wissen, wie man diese anwendet. Wurde die Fähigkeit aktiviert, verlernt man sie auch nicht mehr. Der Nachteil kann dabei jedoch auch sein, dass man sie nicht mehr so einfach los wird, denn viele erleben immer wieder bewusste oder halb bewusste Astralreisen, wenn sie sich mit Übungen für diese beschäftigen. Um eine Astralreise durchzuführen, musst Du psychisch stabil und der Situation gewachsen sein.

EINE ASTRALREISE HERVORRUFEN

Wenn Du Dich auf eine Astralreise einlassen möchtest, musst Du zu Beginn mehrere Phasen durchlaufen, damit diese überhaupt gelingen kann.

- **Entspannung und Ruhe finden**

Der erste Schritt ist es, die Ruhe zu finden und sich zu entspannen. Quälende Gedanken, Ängste und Anspannungen sind bei Astralreisen sehr störend. Du solltest daher zuerst einmal das Meditieren erlernen, um Dich zu entspannen und die innere Ruhe zu finden. Außerdem kannst Du ein Ritual durchführen, dass Dich ruhiger werden lassen soll. Vor einer Astralreise ist es außerdem eine gute Idee, entspannende Musik zu hören, ein warmes Bad zu nehmen oder einen Spaziergang zu machen.

Stimme Dich ein wenige auf die Reise ein und freue Dich darauf. Der Wille ist dabei entscheidend. Wenn Du eigentlich nicht bereit dazu bist, nicht willst oder Angst davor hast, solltest Du es lieber sein lassen.

- **Nicht einschlafen!**

Um mit der Astralreise zu beginnen, musst Du Dir einen ruhigen, entspannenden Ort aussuchen, an dem Du Dich bequem hinlegen kannst. Ideal ist das Bett oder ein Sofa. Wichtig dabei ist jedoch, dass Du dem Einschlaf-Drang widerstehen kannst bzw. lernst.

Sei entspannt und locker und mache es Dir bequem. Bei Deinen ersten Versuchen wirst Du mit Sicherheit einfach einschlafen. Erwarte also nicht, dass die Sache sofort funktionieren wird. Wichtig ist, dass Du Dich wohl fühlst, Dich nichts stört und Du auch nicht gestört wirst. Schließe daher ab, denn wenn Dich eine Person während einer Astralreise vorfindet, kann es sein, dass sie sich Sorgen um Dich macht und versucht Dich zu wecken. Dunkle das Zimmer ab. Wenn Du die Reise in der Nacht durchführen willst, kannst Du eine kleine Lampe einschalten, damit Du Dich sicherer fühlst. Verwende jedoch keine Kerze!

Sobald Du die passende Position gefunden hast, bleibe einfach ruhig und entspanne Dich. Achte auf Deinen Atem, der immer ruhiger werden sollte. Lass Dich fallen bis Du müde wirst, widerstehe jedoch den Drang einzuschlafen. Irgendwann wirst Du die Gefühllosigkeit Deines Körpers wahrnehmen. Deine Sinne schalten ab und Umgebungsgeräusche wirken plötzlich extrem laut. Manche bemerken sogar einen Tinnitus oder helle Blitze, obwohl die Augen geschlossen sind. Du begibst Dich in eine Art Trance und steigst langsam aus dem Körper aus.

Es kann passieren, dass Du zu Beginn in einer Art Schlaflähmung gefangen sein wirst. Das ist vollkommen normal und soll Dir keine Angst machen. Bleib ruhig und entspannt. Es handelt sich um den Zustand, in dem jeder sich in der Nacht befindet, denn dieser soll verhindern, dass wir aus dem Bett fallen. Wenn Du Deine Finger und Zehen langsam bewegst, kannst Du Dich aus dieser Lähmung wieder befreien. Das Gefühl wird langsam zurückkommen.

- **Nur halb aussteigen**

Diese Übungen kannst Du auslassen, wenn Dir die Astralreisen gelingen, denn sie dienen nur der Übung. Manchmal erleben wir dabei ein Kribbeln oder einen Druck in unserem Körper, der auch dann eintritt, wenn wir tatsächlich aus dem Körper steigen. Viele beschreiben diese als Blockaden, die man versucht zu durchbrechen.

Es kann sein, dass wir in diesem Moment nicht mehr wissen, wo unten oder oben ist. Vielen wird aus diesem Grund übel. Auch an dieser Stelle solltest Du ruhig bleiben, denn dies geschieht relativ oft, wenn wir Astralreisen bewusst hervorrufen wollen.

Wenn Du Astralreisen üben willst, solltest Du zuerst versuchen, die Blockaden zu überwinden und immer nur “ein wenig” auszusteigen. Vielen nimmt dies die Angst und sie führen die Astralreise sozusagen Stück für Stück durch.

- **Der Ausstieg**

Der Ausstieg wird gelingen, wenn Du es wirklich willst. Du solltest jedoch nicht einfach nur neugierig sein oder es tun, weil es sich cool anhört. Du musst verstehen, dass Du dabei in eine vollkommen andere Welt eintauchst.

Du kannst nicht wissen, in welcher Ebene Du Dich befinden wirst und was Dich dort erwartet. Vielleicht triffst Du auch auf Wesenheiten, die nicht unbedingt nett sind. Dein Wille und Dein Glaube sind entscheidend. Du selbst bestimmst, wenn Du wieder zurückkommen willst, ganz egal, was Dir andere vielleicht erzählen.

TRAUMREISEN

Traumreisen (oder Trancereisen) kennt vermutlich jeder von uns. Wir alle haben ab und zu Tagträume, aus denen wir nicht immer sofort geweckt werden wollen. Wenn wir in Gedanken sind, sind wir manchmal nicht mehr hier, sondern irgendwie doch "woanders". Es handelt sich dabei eigentlich bereits um eine leichte Trance. Den Zustand der Trance kennt jede Kultur. Die Trance ist ein Bewusstseinszustand, den wir dann erreichen, wenn wir tiefenentspannt sind. In diesem Zustand gehen wir tief, in unser eigenes Bewusstsein und können sogar das Unterbewusstsein erreichen. Manchmal erfahren wir Dinge, die wir bereits vergessen oder einfach nur verdrängt haben. Rückführungen machen sich diesen Zustand zunutze. Bei Traumreisen handelt es sich jedoch nicht um eine Astralprojektion oder Astralreise!

Wenn wir uns in Trance befinden, können wir uns besser kennenlernen und unsere eigenen Gefühle ergründen. Doch wir können auch Muster lösen, Probleme aufarbeiten und natürlich auch mit Wesenheiten in Kontakt treten. Aus diesem Grund sollte man eine Traumreise nicht leichtfertig vollziehen, sondern vorsichtig dabei sei. Wenn Du noch nicht bereits bist, lass es lieber.

Wenn Du bereits gute Erfahrungen mit der Meditation gemacht hast und auch gut visualisieren kannst, kannst Du auch eine Traumreise wagen. Es gibt unterschiedliche Techniken hierfür.

- **Die Vorbereitung**

Oft fühlen wir uns sicherer, wenn wir uns beschützt wissen. Dies ist auch bei einer Traumreise nicht anders. Du kannst daher gerne ein Amulette oder eine Kette als Schutz tragen. Einige Hexen ziehen stets einen Schutzkreis um sich, wenn sie sich auf eine Traumreise begehen. Natürlich kannst Du währenddessen auch räuchern oder eine Kerze brennen lassen, achte jedoch in jedem Fall auf die Sicherheit, denn Du wirst sie während Deiner Reise nicht beobachten können!

Sollte Dir auf Deiner Reise etwas Angst machen oder Du Dich unwohl fühlen, beende die Reise wieder. Höre auch in diesem Punkt stets auf Dein Gefühl.

Mit Sicherheit wirst Du auf Deiner Reise auch viele Barrikaden wie versperrte Türen und Wege finden. Die Sperren sind nur für Deine eigene Sicherheit da, denn Dein Unterbewusstsein hat diese errichtet. Du solltest sie daher nicht einreißen, sondern sie akzeptieren. Vielleicht ist es zu einem anderen Zeitpunkt so weit sie zu öffnen bzw. zu durchdringen. Wenn Du auf Deiner Reise das Gefühl hast, dass Du Dich an einem bestimmten Ort nicht aufhalten solltest, dann gehe. Du bestimmst diese Reise und weißt selbst, was richtig ist und was nicht.

Suche Dir einen gemütlichen Ort für Deine Reise aus, an dem Du gerne bist. Wenn Du ein Haustier zu Hause hast, solltest Du die Reise in einem getrennten Zimmer von diesem durchführen. Du solltest wirklich vollkommen ungestört sein. Zu Beginn solltest Du außerdem nicht zu oft auf Reisen gehen, denn jede Traumreise ist anstrengend. Dies gilt nicht nur für den Körper, sondern auch für Deinen Geist. Lasse daher immer ein paar Tage zwischen den einzelnen Reisen, damit Du Dich nicht überforderst.

Auf Reisen gehen

Um eine Traumreise zu beginnen, legst Du Dich entspannt hin und versuchst zuerst ein wenig zu meditieren. Entspanne Dich und werde zuerst einmal vollkommen ruhig. Danach versuchst Du Dir einen Schalter auf der Rückseite Deiner Arme, Deiner Beine, Deines Rückens, Deines Halses, Deiner Hüfte und auf Deiner Stirn vorzustellen. Schalte jeden Schalter einzeln aus und visualisiere dabei, wie Du immer schwerer und entspannter wirst. Der letzte Schalter, den Du ausschaltest, sollte der Schalter auf Deiner Stirn sein.

Nun stellst Du Dir vor, Du würdest in einem Aufzug nach oben fahren. Natürlich kannst Du Dir auch eine Treppe vorstellen, die Du langsam hinaufgehen kannst. In welchem Stockwerk möchtest Du aussteigen? Stelle es Dir vor und sieh, was Dich erwartet. Vielleicht siehst Du zuvor einen Nebel, der sich langsam lichtet oder Du bist gleich genau dort, wo Du sein sollst. Es gibt dabei keine Bilder, die richtig oder falsch sind. Alles, was Du nun sehen wirst, ist gut.

Bei einer Traumreise, lässt Du Dich einfach auf das ein, was Dir gezeigt wird. Wie bei einer Rückführung, kannst Du unterschiedliche Dinge wahrnehmen. Manchmal sehen wir diese Dinge, manchmal wissen wir sie auch einfach nur. Beides ist möglich und richtig.

Wenn Du das Gefühl hast, alles gesehen zu haben, das wichtig war oder wieder aus der Trance komme willst, kannst Du die Reise beenden. Hierfür stellst Du Dir erneut einen Schalter vor, der sich auf Deiner Stirn befindet. Dieser schaltet automatisch alle anderen Schalter, die von Dir ausgeschalten wurden, wieder ein. Stelle Dir vor wie Du den Schalter betätigst und komme langsam wieder ins Hier und Jetzt zurück.

Nachdem Du aus der Trance zurückgekehrt bist, ist das Erden eine gute Idee. Außerdem solltest Du etwas trinken und essen, damit Du wieder vollkommen in dieser Welt ankommen kannst.

Es kann sein, dass Du Dich nach solch einer Reise schwindlig oder ein wenig benommen fühlst. Dies gibt sich nach einiger Zeit wieder von selbst. Aus diesem Grund solltest Du es wie gesagt auch nicht übertreiben!

Viele fragen sich, woher man nun weiß, ob man tatsächlich gereist ist? Im Grunde kannst Du Dir diese Frage nur selbst beantworten. Es geht um Dein eigenes Gefühl, auf das Du auch in diesem Fall vertrauen solltest. Du solltest Deine Erlebnisse, die Du auf der Reise hattest, nicht bewerten oder anzweifeln. Wenn Du wieder in dieser Welt angekommen bist, kommen Dir viele Dinge, die Du auf der Reise erlebt hast, vermutlich seltsam vor. Die andere Welt ist jedoch eine vollkommen andere Welt, in der es viele Zeichen und Symbole gibt und die Dinge nun einmal ganz anders aussehen können. Es handelt sich um eine andere Realität.

Wenn Du Deine Reise abbrechen willst, solltest Du wissen, dass diese Unterbrechung immer sehr radikal ist. Du solltest die Reise nach solch einer Unterbrechung dennoch zu Ende bringen. Dafür gehst Du, wenn Du wieder bereit dazu bist, nochmals an die Stelle zurück, an welcher Du abgebrochen hast und beendest die Trance auf angenehme Art.

Wichtig ist, dass Du anderen Wesenheiten und Personen, die Du auf Deinen Reisen triffst, stets mit Respekt behandelst. Wenn Du Respekt erwartest, musst Du diesen ebenfalls zeigen. Wenn Du willkommen sein willst, musst Du die Sitten und Gebräuche anderer Menschen und Kulturen auch hier auf Erden akzeptieren und respektieren. Dies ist auch in der anderen Welt nicht anders. Sei also auch dort stets freundlich, dankbar und respektvoll.

16

HEILSTEINE

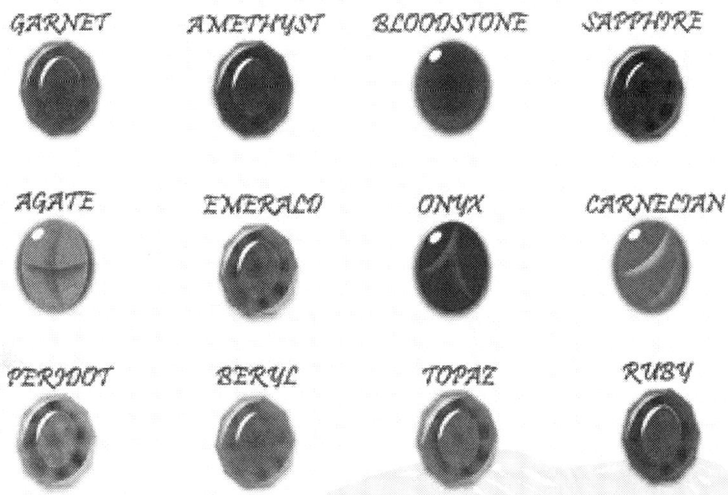

Steine und Kristalle sind Urelemente unseres Universums. Sie existierten bereits lange Zeit bevor es Leben auf unserem Planeten gab. Unsere Planeten, das gesamte Sonnensystem und alle Galaxien bestehen aus ihnen. Sie tragen das Urwissen des Kosmos in sich und können aus unfassbar komplexen chemischen Verbindungen aufgebaut sein. Steine und Kristalle haben unterschiedliche Zusammensetzungen, sehen deshalb auch verschieden aus und besitzen daher auch unterschiedliche Wirkungen. Auch in der Magie nutzen wir die Steine für verschiedene Zwecke.

Die Steine und ihre Wirkung

Jeder Stein hat eine einzigartige Wirkung, die wir nutzen dürfen. Vergiss dabei nicht, dass uns Steine zwar Energie schenken, wir sie jedoch auch wieder entsprechend aufladen sollten, damit sie wieder neue Energie tanken können. Sei dankbar für ihre Hilfe und behandle auch sie mit Respekt!

- **Achat**

Achat hilft gegen Epilepsie, Schmerzen, Mondsucht, Fieber und kann sogar Kopfschmerzen lindern. Der Stein gilt als Schutzstein gegen das Böse und kann negative Energien fernhalten.

- **Bergkristall**

Der Bergkristall ist ein echter Schutzstein, der negative Energien fernhält. Er dient zur Aufladung anderer Steine und kann Energie übertragen.

- **Amazonit**

Dieser Stein hilft uns, klare Entscheidungen zu treffen. Er wirkt entspannend, beruhigt unsere Nerven und ist krampflösend und hilfreich gegen Depressionen.

- **Jaspis**

Dieser besondere Heilstein steht für Kraft, Liebe und Weisheit. Er stärkt unsere Nerven und ist blutstillend.

- **Citrin**

Der Citrin entfernt finstere Gedanken und spendet uns Wärme. Man sagt, dass der Stein zur inneren Erleuchtung führen kann.

- **Amethyst**

Der Amethyst steht für Freundschaft und Glück. Er reinigt unseren Geist, hilft gegen Stress und kann uns bei Schlafproblemen behilflich sein.

- **Howlith**

Howlith entwässert und bringt uns zur Ruhe. Bei Schlankheitskuren wird der Stein sehr gerne verwendet, denn er soll die Lust auf das Essen zügeln. Darüber hinaus kann Howlith uns auch zu stärkeren Knochen und Nägeln verhelfen.

- **Aquamarin**

Dieser Stein steht für den Reichtum und wird Dir bei Liebesproblemen zur Seite stehen. Zudem ist er hilfreich gegen Husten, Heiserkeit und Allergien.

- **Lapislazuli**

Wenn Du nach einem Stein für Freundschaft und Lebensmut suchst, ist der Lapislazuli besonders gut geeignet. Er sorgt für Harmonie und kräftigt unseren Instinkt. Außerdem wirkt er fiebersenkend und kann eine Hilfe bei Hautausschlägen sein.

- **Onyx**

Onyx bietet Schutz und Stabilität, stärkt uns und schenkt uns die innere Kraft. Er vertreibt negative Gedanken, wirkt gegen Depressionen und hat blutbildende Eigenschaften. Zudem stärkt er unseren Knochenbau.

- **Aventurin**

Der Aventurin wirkt gegen Hautunreinheiten und fördert unser Selbstvertrauen sowie die Gelassenheit. Er wirkt stimmungsaufhellend und kann sogar bei nässenden Ausschlägen heilend wirken.

- **Türkis**

Dieser Stein ist ein besonders starker Heilstein, der auch unsere Kreativität fördert. Wenn wir ihn um den Hals tragen, werden wir vor allen möglichen negativen Einflüssen bewahrt.

- **Labradorit**

Dieser Stein aktiviert unser Urwissen und fördert die Heilung. Er ist gut für das Gedächtnis und schenkt uns eine bessere Intuition.

- **Larimar**

Er gilt als der Stein von Atlantis. Der Larimar soll das Bewusstsein erweitern und uns ausgeglichener werden lassen. Gegen Nervosität und Unruhe wirkt Larimar daher besonders gut. Larimar kann unsere Selbstheilungskräfte stärken und löst Blockaden.

- **Saphir**

Der Saphir senkt Fieber, wirkt gegen Nervosität und ist sogar bei Geschwüren und Tumoren wirksam. Saphir kann Blutungen reduzieren und steht für klare Augen, weshalb er gerne bei Augenkrankheiten zum Einsatz kommt.

- **Malachit**

Der Malachit steht für Klarheit und fördert unser Verantwortungsbewusstsein. Außerdem hilft er uns gegen Ängste und kann Magenbeschwerden lindern.

- **Rosenquarz**

Dieser Stein ist der Liebesstein schlechthin. Er ist der Göttin Venus gewidmet und schenkt uns Fruchtbarkeit. Rosenquarz stärkt das Herz und ist blutreinigend. Bei psychosomatischen Krankheiten wirkt er wahre Wunder.

- **Sugilith**

Dieser besondere Stein zeigt uns neue Wege und reinigt das Herz und unseren Geist. Er führt uns zu unserem Selbst zurück und gibt uns sein Urwissen weiter.

- **Schneeflockenobsidian**

Er schützt uns vor negativen Energien und falschen Freundschaften. Darüber hinaus hilft uns der Schneeflockenobsidian beim Loslassen und zeigt uns neue Wege auf. Er stärkt unser Selbstvertrauen und den Glauben an unsere eigenen Stärken.

- **Turmalin**

Der Turmalin ist der stärkste Heilstein überhaupt. Er verbindet alle hellen und dunklen Kräfte und löst Blockaden. Er zeigt uns vernünftige Wege auf und führt zur Harmonie. Zudem kompensiert der Turmalin elektromagnetische Störfelder.

DIE EDELSTEINTHERAPIE

Nutze die Steine nicht nur bei Deinen magischen Ritualen, sondern auch zur Edelsteintherapie. Diese gibt es bereits seit Jahrtausenden. Kristalle können Schwingungen aufnehmen und sogar selbst erzeugen. Nutze die Schwingungen der Kristalle für Deine körperlichen oder seelischen Beschwerden und aktiviere Deine Selbstheilungskräfte mit ihrer Hilfe.
Gerne werden die entsprechenden Kristalle beispielsweise in Cremen, Ölen und Lotionen hinzugefügt. Dort können sie ihre Wirkung freisetzen und Du kannst Deine Hautpflege magisch verstärken.

Natürlich ist auch das bekannte Heilsteinwasser eine gute Idee. Trinke das Heilsteinwasser über den Tag verteilt und spüre die neue Energie, die Du geschenkt bekommst. Dabei solltest Du stets zu den Steinen oder Mischungen greifen, die auf Dich und Deine Probleme bzw. Ziele abgestimmt sind.

17

NATURGEISTER

Wir alle kennen mystische Geschichten von Wesenheiten wie Feen oder Elfen. Dabei handelt es sich um Naturgeister, die es seit Anbeginn der Zeiten gibt. Damit Du mit den Naturgeistern in Kontakt treten kannst, musst Du an diese glauben. Das Wissen um ihre Existenz kommt aus Deinem Inneren.

Allen Naturwesen solltest Du stets wie einen guten Freund begrüßen, den Du schon Dein ganzes Leben lang kennst. In der Natur kannst Du mit ihnen besonders einfach in Kontakt treten und kommunizieren. Vor allem in den Abendstunden fällt uns die Verbindung zur anderen Welt meist einfacher. Nutze daher die Dämmerung, um Dich mit den Wesenheiten zu verbinden.

NATURGEISTER

Alle Kulturen erzählen uns von der Existenz bestimmter Geistwesen. Diese können unterschiedliche Formen haben, sollen uns jedoch auf unseren spirituellen Weg stets begleiten und schützend zur Seite stehen.

Viele betrachten Naturgeister als sogenannte Ortsmächte, die auf einen bestimmten Platz oder ein bestimmtes Gebiet wachen. So finden wir Erzählungen aus Irland und Schottland, in denen vor allem Feen und Elfen auf die vielen Hügeln und Wiesen achten, während wir im Mittelmeerraum sehr oft auf Meerjungfrauen treffen. Einige der bekanntesten Naturgeister sind:

FEEN

Feen sind wundervolle Wesen, die für ihre Schönheit bekannt sind. Viele Kulturen kennen sie und beschreiben sie als Geisterwesen, die sich in unterschiedlichen Erscheinungsformen zeigen können. Wenn wir mit ihnen in Kontakt treten, hinterlässt dies sofort ein starkes Gefühl, das uns meist an unsere Kindheit erinnert. Viele beschreiben dieses Gefühl jedoch auch als ein wenig berauschend oder sehr intensiv. Wer mit Feen in Berührung kommt, wird sie jedenfalls nie mehr vergessen.

Feen sind sehr eng mit unserer Erde verbunden und verehren unsere Natur. Viele Legenden und Mythen ranken um die meist kleinen Wesen, die in unzähligen Kindergeschichten vorkommen. Sie leben in der Zwischenwelt, weshalb wir sie nur an Zwischenorten und Grenzzeiten erreichen können. So solltest Du vor allem im Morgengrauen, zur Abenddämmerung oder um Mitternacht nach ihnen suchen. Du findest sie auf Seen oder in der Nähe des Seeufers sowie auf Hügeln. Natürlich sind auch Wälder der perfekte Ort, um sie erreichen zu können.

DIE KRAFT DER FEEN NUTZEN

Feen sind kraftvolle Wesen, denen Du stets mit viel Respekt begegnen solltest. Sie sorgen dafür, dass unsere Natur blüht und gedeiht und bringen viel Arbeit auf, um dieses Ziel erreichen zu können. Feen können Dich bei Deinen Zeilen unterstützen, denn Du kannst viel von ihrem Arbeitswillen und ihrer Einsatzbereitschaft lernen.

Wenn Du einen eigenen Garten hast, erschaffe für die Wesen einen kleinen Bereich, den sogenannten Feengarten. In diesem Bereich pflanzt Du vor allem weiße, rosa, blaue und lila Blumen, die gut duften sowie Kräuter. Sorge dafür, dass auch sehr kleine Blumen in diesem Bereich ihren Platz finden, denn dies freut die kleinen Wesen ganz besonders.

EINHÖRNER

Einhörner versprühen eine zauberhafte, wunderschöne Energie, die stets als mystisch und besonders zart beschrieben wird. Seit jeher haben die Geistwesen eine ganz besondere Anziehungskraft auf uns. Sie sind kraftvoll und dennoch unfassbar zerbrechlich. Sie sind liebevoll und doch so unnahbar, weise, voller Anmut und niemals zu zähmen. Einhörner sind vielleicht die reinsten und vollkommensten Wesen, die wir kennen. Wenn auch unsere Seele rein ist und wir mit unserem Herzen sehen, treffen wir sie in unseren Träumen. Dort spenden sie uns Trost und schenken uns Kraft und Mut.

Sich mit Einhörnern verbinden

Schon die Legende des letzten Einhorns zeigt uns, wie selten Einhörner sind und wie schwer es ist, diese zu finden. Du kannst sie nur finden, wenn Du offen und geduldig bist. Viele von uns sehen sie nur nachdem sie eine selbstlose Tat begangen oder eine höhere Bewusstseinsebene erreicht haben. Du kannst sie nicht rufen, denn sie sind es, die zu Dir kommen werden, wenn Du bereit dazu bist und sie Dich als würdig erachten. In diesem Fall ist es ein einzigartiges Geschenk, das Du vielleicht nur einmal in diesem Leben bekommen wirst, also schätze das Treffen, das sich in Deinen Träumen abspielen wird!

Pflanzengeister

Auch unsere Pflanzen sind beseelt und haben Wesenheiten, die auf sie aufpassen. Die Geistwesen der Bäume und Blumen sind eigenständige Seelen, die ebenso individuell sind, wie wir es sind. Wir bezeichnen diese Wesenheiten heute als Dryaden oder Devas. Das Reich dieser Naturwesen ist die Erde selbst, die wir schützen sollten, denn sie ist auch unser Zuhause. Wenn Du Dich in der Natur befindest, kannst Du sie praktisch an jeder noch so kleinen Ecke wahrnehmen. Es ist der Wind, der durch die Bäume und Felder weht, die Rose, die in ihrer schönsten Farbe erblüht oder die Erde, die alles wachsen lässt. Nimm die Welt wieder bewusster wahr und Du wirst auch die Verbindung zu den Pflanzengeistern sofort wahrnehmen können.

SCHLUSSWORT

Eine Sache musst Du verstehen:
Deinen Weg, kannst Du nur alleine gehen.
Lass Dich nicht auf das Schlechte ein,
denn es bringt Dich nur in falschen Schein.
Sei dankbar für alles, das Du noch darfst erleben,
und freue Dich nicht nur auf das Nehmen, sondern mehr auf das Geben.
Lass Dich stets leiten von Deinem eigenen Herz,
füge anderen keinen Kummer zu und auch keinen Schmerz.
Wenn Du lebst nach Deiner eigenen Moral,
gibt es nichts, dass Du nicht tun kannst, und nichts wird zur Qual!

Welchen Weg Du auch immer gehen magst, denke stets daran: Bleibe Dir treu, höre auf Dein Herz und triff Deine Entscheidungen stets nach Deinen Moralvorstellungen. Sei offen für neue Dinge und habe Freude am Leben und Lernen. Behandle alle Lebewesen mit Respekt und sei ehrlich zu Dir selbst! Alles Gute auf Deinem Weg, wo immer er Dich hinführen wird!

HAFTUNGSAUSSCHLUSS

Die Umsetzung aller enthaltenen Informationen, Anleitungen und Strategien dieses Buchs erfolgt auf eigenes Risiko. Für etwaige Schäden jeglicher Art kann der Autor aus keinem Rechtsgrund eine Haftung übernehmen. Für Schäden materieller oder ideeller Art, die durch die Nutzung oder Nichtnutzung der Informationen bzw. durch die Nutzung fehlerhafter und/oder unvollständiger Informationen verursacht wurden, sind Haftungsansprüche gegen den Autor grundsätzlich ausgeschlossen. Ausgeschlossen sind daher auch jegliche Rechts- und Schadensersatzansprüche. Dieses Werk wurde mit größter Sorgfalt nach bestem Wissen und Gewissen erarbeitet und niedergeschrieben. Für die Aktualität, Vollständigkeit und Qualität der Informationen übernimmt der Autor jedoch keinerlei Gewähr. Auch können Druckfehler und Falschinformationen nicht vollständig ausgeschlossen werden. Die Bilder stammen von der Homepage www.pixabay.com und es handelt sich um lizenzfreie Fotos. Für fehlerhafte Angaben vom Autor kann keine juristische Verantwortung sowie Haftung in irgendeiner Form übernommen werden.

URHEBERRECHT

IMPRESSUM

1. Auflage

Kontakt: Belinda Derflinger, Auergütlweg 10, 4030 Linz, Österreich

Printed in Poland
by Amazon Fulfillment
Poland Sp. z o.o., Wrocław

72982883R10069